Richard Stiegler

Nach innen lauschen

Richard Stiegler

Nach innen lauschen

Inspirationen für die spirituelle Praxis

arbor Arbor Verlag
Freiburg im Breisgau

Für meine Schülerinnen und Schüler

3. Auflage 2020

Titelfoto: Bronzeskulptur „Kontemplation"
aufgenommen im „Museum der Moderne" in Salzburg mit freundlicher Genehmigung der Künstlerin Helga Vockenhuber; www.helga-art.at

Lektorat: Lothar Scholl-Röse
Druck und Bindung: Kösel, Krugzell
Hergestellt von mediengenossen.de

Dieses Buch wurde auf 100 % Altpapier gedruckt und ist alterungsbeständig. Weitere Informationen über unser Umweltengagement finden Sie unter www.arbor-verlag.de/umwelt

www.arbor-verlag.de

ISBN 978-3-86781-119-4

Anhang

Mehr aber, als Vasudeva, der Fährmann, ihn lehren konnte, lehrte ihn der Fluss. Von ihm lernte er unaufhörlich.

Vor allem lernte er von ihm das Zuhören, das Lauschen mit stillem Herzen, mit wartender, geöffneter Seele, ohne Leidenschaft, ohne Wunsch, ohne Urteil, ohne Meinung.

HERMANN HESSE „Siddhartha"

Einführung

Wanderer, nur deine Spuren sind der Weg, sonst nichts;
Wanderer, es gibt keinen Weg, er entsteht erst durchs Gehen.

ANTONIO MACHADO, Liedzeile

Gibt es einen Weg ohne die Schritte des Wanderers? Können wir uns innerlich entwickeln und heranreifen ohne konkrete Erfahrungen?

Auch der spirituelle Weg vollzieht sich durch konkrete Schritte – Erfahrungen, die uns reifen lassen und unser Verständnis vertiefen. Die Praxis ist das Gefäß für konkrete Erfahrungen. Sie ist der Weg, auf dem wir unsere inneren Schritte machen. Erst die Auseinandersetzung mit Praxisformen, auf die wir uns einlassen, an denen wir uns reiben und in welchen sich unsere seelische Entwicklung entfalten kann, führt dazu, dass sich spirituelle Einsichten vertiefen und verinnerlichen. Ohne eine Praxis bleibt unser Verständnis oberflächlich.

Etwas zu erkennen, bzw. zu verstehen und etwas zu verinnerlichen sind grundsätzlich zwei verschiedene Dinge. Das Eine braucht notwendig das Andere. Erst im Zusammenspiel von Verstehen und Verinnerlichen wird sich ein Weg für uns wirkungsvoll entfalten können.

Das ist allerdings ein langer Weg und braucht Zeit. Ohne Praxisformen, die uns an diese spirituellen Wahrheiten erinnern und die uns ermöglichen, dass wir bestimmte Grundhaltungen immer und immer wieder einnehmen, ist eine solch tief greifende Umwandlung nicht möglich. Die Praxis hilft uns, dass unser Verstehen ganzheitlich wird, gleichsam vom Kopf in Körper und Seele wandert und sich dort verankert.

Für diese allmähliche Umwandlung unseres Egos ist dabei nicht so sehr die Qualität unserer Praxis entscheidend (zum Beispiel wie tief gerade unsere Meditation ist), sondern die Kontinuität, also unsere Ausdauer. Wie auch beim Erlernen eines Musikinstruments nur die Regelmäßigkeit unseres Übens letztlich zu guten Erfolgen führt, ist auch in der spirituellen Praxis entscheidend, ob wir uns kontinuierlich und über lange Zeit auf die Praxis einlassen. Erst dann können sich die Grundhaltungen, die wir durch unsere spirituelle Praxis verinnerlichen, in unserem Leben tief greifend auswirken.

Die im vorliegenden Buch vorgestellten drei Praxisformen haben sich im Laufe der Jahre in der Bewusstseinsschule SEELEundSEIN herauskristallisiert und verfeinert. In dieser Bewusstseinsschule werden die Grundlagen der transpersonalen Prozessarbeit vermittelt. Die transpersonale Prozessarbeit begreift den inneren Weg als einen sehr umfassenden Bewusstheitsprozess, der alle inneren und äußeren Lebensbereiche miteinschließt. Aus diesem Verständnis heraus haben sich die drei Grundformen der spirituellen Praxis, die ich im Buch beschreibe, herausgebildet.

Die erste *Praxisform der stillen Meditation* (Kapitel 1) richtet unsere Aufmerksamkeit auf die Dimension des Gewahrseins aus. Wir werden immer wieder an die Grundaspekte des Gewahrseins erinnert und verinnerlichen systematisch die zentralen spirituellen Grundhaltungen, die dem Gewahrsein entsprechen. Dadurch bringen wir uns in Einklang mit dem Gewahrsein und entdecken zunehmend das unbedingte und zeitlose SEIN, das wir zuinnerst sind.

In der zweiten *Praxisform des inneren Erforschens* (Kapitel 2) wird unsere Aufmerksamkeit auf die schöpferische Lebendigkeit unserer Seele gerichtet. Für viele Meditierende ist diese Praxisform neu. Bisher hat sich meist nur die Psychologie durch verschiedene Methoden der Introspektion auf den seelischen Aspekt bezogen. Aber gerade die neueren Entwicklungen in Psychologie und Spiritualität zeigen, dass die Grenzen zwischen persönlicher und spiritueller Entwicklung fließend sind. Im Kontext unserer Seele zeigen sich innere Selbstgrenzen und die Beschränkungen unseres Egos. Daher ergibt sich beim inneren Erforschen im Besonderen die Möglichkeit, diese Grenzen zu erkennen und kraft unserer Bewusstheit zu erweitern. Mit der Zeit wird unsere Identität dadurch offener und fließender und der schöpferische Seelenstrom kann uns von innen her ungehindert inspirieren und erfüllen und auch als innere Führung leiten. Inneres Erforschen ist nicht (nur) eine neue Form der Psychotherapie, sondern eine sehr direkte und wirkungsvolle Möglichkeit, mit der Seelenrealität in Kontakt zu sein, um im wahrsten Sinne des Wortes „beseelt" zu leben.

Die dritte *Praxisform des Zuhörens* (Kapitel 3) schließlich bezieht sich auf unser Bezogensein als Mensch. Wenn man nur auf die Praxis der stillen Meditation schaut, die in den meisten spirituellen Schulen auf die eine oder andere Weise im Zentrum des inneren Weges steht, hat man den Eindruck, dass ein spiritueller Weg immer in der Abgeschiedenheit und Einsamkeit stattfindet. Doch das ist nur ein Teil der Wahrheit. Tatsächlich betrifft eine der tiefsten spirituellen Erkenntnisse unsere vollständige Bezogenheit, unser Einssein, als Mensch. Diese Erkenntnis löst unser individuelles und getrenntes Selbstgefühl auf und macht uns unsere Verbundenheit mit allen und allem bewusst. Spätestens hier ergibt sich fast zwingend die Notwendigkeit einer Praxisform, die mitten in unseren Beziehungen stattfindet und sich direkt auf diese Verbundenheit bezieht. Die Praxis des Zuhörens ist der direkte Ausdruck dieser Verbundenheit und hat die Kraft, uns und unsere Beziehungen zu verwandeln.

Im vorliegenden Buch werden drei Praxisformen systematisch und getrennt voneinander dargestellt. Beim Lesen werden Sie bemerken, dass sich viele Aspekte ergänzen und überschneiden. Das liegt daran, dass letztlich alle Praxisformen im Gewahrsein, in unserer innersten Seinsnatur, wurzeln und die Grundaspekte des Gewahrseins diese Formen durchdringen.

In jedem Kapitel gibt es zunächst eine Einleitung in den jeweiligen Bereich, auf den sich die Praxisform bezieht. Dann werden in Kürze die Grundaspekte dieser Praxisform vermittelt. Ich empfehle sehr, diese Grundaspekte immer wieder einmal zu lesen, damit sie sich verinnerlichen können. Im Anschluss folgen weitere Aspekte und Inspirationen für die alltägliche Praxis.

Letztlich sei daran erinnert, dass dieses Buch weniger als eine theoretische Abhandlung dieser Praxisformen gedacht ist, sondern vielmehr als ein Praxisbuch im wahrsten Sinne des Wortes. Die kurzen Kapitel sind eine Mischung aus Aspekten zur inneren Kontemplation und konkreter Anleitung und haben vor allem die Grundidee, Menschen in der Ausübung ihrer täglichen spirituellen Praxis zu inspirieren. So empfehle ich, vor der Ausübung der Praxis eines dieser Unterkapitel zu lesen und zu kontemplieren, um dann diesen Aspekt in der Praxis zu verinnerlichen. Dabei kann es durchaus Sinn machen, sich mit einem Aspekt nicht nur einen Tag, sondern auch eine ganze Woche oder noch länger zu beschäftigen und Erfahrungen damit zu sammeln.

Dieses Buch ist also ein Arbeitsbuch zur Inspiration und zur praktischen Umsetzung und daher vor allem eine Unterstützung für Menschen, die bereits einen spirituellen Weg gehen. Solange wir nur darin lesen, werden wir zwar von dem einen oder anderen Gedanken inspiriert sein, aber erst in der praktischen Umsetzung können die Samen dieses Buches sich in unserem Leben entfalten. Samen brauchen die Erde, sonst können keine Pflanzen daraus entstehen, und Erkenntnis braucht die eigene Erfahrung, die im Nährboden unserer Seele wurzelt. Dazu verhilft das konkrete Umsetzen dieser Praxisformen.

Gerade auch die Übungsanweisungen am Ende der Kapitel können sehr hilfreich sein, den jeweiligen Aspekt „von innen her" zu spüren. Dabei sei nochmal darauf hingewiesen, dass ein großer Unterschied besteht, ob wir z. B. über die Haltung des Empfangens in einem Buch lesen, ob wir diese Haltung kontemplieren und uns davon innerlich berühren lassen oder ob wir sogar in die Haltung des Empfangens hineinschlüpfen, sie gleichsam von innen her körperlich erfahren. Wir werden überrascht sein, zu merken, dass unsere erste Vorstellung beim Lesen eines Aspektes oft sich ganz anders darstellt als die konkrete Erfahrung beim körperlichen Hineinschlüpfen in diesen Aspekt.

Für Leserinnen und Leser, die mit der Terminologie der Transpersonalen Psychologie unerfahren sind, findet sich im Anhang des Buches noch eine Begriffsklärung der wichtigsten verwendeten Fachbegriffe.

Möge dieses Buch ein Beitrag sein, die eigene spirituelle Praxis lebendig zu halten, damit sie uns zum Wohle von uns selbst und allen Wesen verwandeln kann.

TEIL EINS

Die stille Meditation

1 Was ist Meditation?

Meditation ist ein Begriff, der sowohl bei erfahrenen wie auch bei unerfahrenen Menschen eine Menge Assoziationen auslöst. Wenn wir selbst meditieren und eine bestimmte Richtung der spirituellen Praxis kennengelernt haben, differenziert sich unser Verständnis von Meditation und es bilden sich in uns immer klarere Ideen darüber, was Meditation ist. Doch unabhängig davon, wie diese Ideen genau sind, ist die Praxis der Meditation immer ein wenig mehr, als wir darüber denken oder sagen können. Meditation führt uns über das Denken hinaus.

Daher sind wir dem Wesen der Meditation viel näher, wenn wir alle Konzepte über Meditation loslassen und uns erlauben, nicht so genau zu wissen. Im Zen nennt man diese Haltung den Anfängergeist. Ein Anfänger weiß nicht und kann unvoreingenommen und neugierig in die Welt schauen. Jeder Glaube zu wissen schränkt diese Offenheit schon wieder ein.

Ohne uns dessen bewusst zu sein, tragen wir alle viele Ideen und Bilder über Meditation in uns. Diese Bilder, bewusst oder unbewusst, prägen unsere Haltung in der Meditation und auch unsere Einstellung dazu. Aber das Konzept über eine Sache ist nicht die Sache selbst. Und das, was wir mit Meditation verknüpfen, ist nicht das, was Meditation ist.

„Du sollst dir kein Bild von Gott machen" gilt auch für die Meditation. Das bedeutet, der erste Schritt, uns auf die Meditation einzustimmen, ist, uns frei zu machen von allen Gedanken und Bildern, die wir darüber haben. Das geschieht zunächst dadurch, dass wir uns bewusst werden, was wir mit dem Begriff „Meditation" verbinden.
Woran denken wir beim Wort „Meditation"? Welche Bilder tauchen dabei in uns auf?

- Bedeutet Meditation, still und aufrecht dazusitzen?
- Verbinden wir mit „still sitzen“ vielleicht auch „still halten müssen“ oder „Strenge“?
- Glauben wir, dass Achtsamkeit Kontrolle bedeutet?
- Ist Meditation eine „Übung“? Und was impliziert das Wort „Übung“?
- Geht man bei der Meditation mit der Aufmerksamkeit nach innen?
- Bedeutet Meditation den Atem beobachten?
- Ist Meditation etwa ein heiliger Raum, eine heilige Handlung?
- Werden wir durch Meditation zu einem besseren Menschen? Besser als andere?
- Verbinden wir mit Meditation einen inneren Frieden?
- Ist Meditation der Ort für spirituelle Erkenntnis und für Gipfelerlebnisse? Geht es bei der Meditation ums Erwachen?

Wie auch immer unsere Vorstellungen sind, wir müssen uns bewusst sein, dass alle Vorstellungen bedingt sind und damit auch Grenzen setzen: Das eine ist Meditation und das andere ist es nicht. Auf diese Weise erzeugt jede Vorstellung Ablehnung und Anstrengung. Aber Ablehnung und Anstrengung sind genau das, was das Wesen der Meditation nicht ausmacht.

- **Was verbindest du mit dem Begriff „Meditation“? Welche Wirkung hat das in dir?**
- **Was verbindest du mit „still sitzen“? Was kannst du dadurch nicht in dir zulassen?**
- **Sprich zu Beginn der Meditation die Worte „Ich weiß gar nichts“ in dich hinein und widme dich vollkommen neu und unvoreingenommen dem, was dann geschieht.**

Grundaspekte der Meditation

2 Sein

Von außen betrachtet, ist Meditation eine bestimmte körperliche Form, die wir einnehmen und für eine bestimmte Zeit einhalten: z. B. ein aufrechtes und stilles Dasitzen oder ein Gehen in Achtsamkeit. Die äußere Form der Meditation unterstützt uns, mit unserer innersten Natur in Einklang zu kommen. Unsere innerste Natur, auch unsere wahre Natur genannt, ist die innerste Identität unseres Menschseins jenseits unserer alltäglichen äußeren Identität, die aus vielen Vorstellungen und Selbstbildern, die wir von uns haben, besteht. Erst wenn wir die innerste Identität entdecken, lernen wir eine Freiheit kennen, die uns solange verschlossen bleibt, solange wir mit unserer äußeren Identität verhaftet sind.

Meditation, so wie es üblicherweise betrachtet wird, ist das Medium, das uns mit dieser inneren Freiheit in Kontakt bringen kann. Das ist sicherlich korrekt, jedoch ein oberflächliches Verständnis, das dazu führt, dass Meditation mehr als eine Art „Übung" verstanden wird, die uns „nach innen" zu unserer Seinsnatur führen soll.

Schauen wir jedoch tiefer auf das Wesen der Meditation, dann ist Meditation nicht primär eine äußere Form, die wir einhalten und üben, und auch kein Hilfsmittel, um irgendwohin zu kommen, sondern natürlicher Ausdruck unserer innersten Identität von Freiheit – unserer Seinsnatur. Diese hat mehrere zentrale Aspekte, die sich in der Praxis der Meditation widerspiegeln: das Sein, das Gegenwärtigsein, das Offensein und das Lauschen.

Meditation als natürlicher Ausdruck des unbedingten Seins ist keine Übung und kein Tun, sondern ein „Ort des Loslassens" und eine Zeit, uns an das innerste Wesen in all seinen Aspekten zu erinnern.

Betrachten wir den ersten dieser zentralen Aspekte: das Sein.

Das Grundlegendste, was man über Meditation sagen kann, ist, dass sie ein Ort ist, an dem es um das Sein geht. Oder anders ausgedrückt: Wir dürfen sein, wie wir sind!

Unser bloßes Sein genügt.
Welch ein Versprechen! Sehnen wir uns nicht immer genau nach diesem „Sein-Dürfen“? Wann haben wir schon das Gefühl, dass unser Sosein genügt - ohne eine Erwartung und ohne Pflichten? Haben wir nicht ständig das Gefühl, „besser“ oder „anders“ sein zu müssen?

Manchmal, vielleicht bei einem Spaziergang in der Natur, stellt sich für eine kurze Zeitspanne das Gefühl ein, dass unser bloßes Sein genügt. Schon können wir entspannen und innerlich loslassen. Wir dehnen uns in unserem natürlichen Sosein aus. Umgekehrt spannen wir uns sofort an, wenn wir inneren oder äußeren Erwartungen ausgesetzt sind.

Die Grundhaltung in der Meditation ist: Was immer gerade in Erscheinung tritt, darf sein. Was immer gerade da ist, genügt vollkommen. Wie auch immer wir gerade sind, ist in Ordnung. Wir brauchen uns nicht darum zu bemühen, die „Dinge“ anders oder besser zu machen. Dieser Augenblick ist vollkommen und auch wir sind so, wie wir sind, vollkommen und angenommen.

Entspricht diese Haltung nicht unserer Ursehnsucht als Mensch nach einem bedingungslosen Angenommensein? Suchen wir nicht oft genau nach diesem Angenommensein in unseren Beziehungen?

- **Wie erfährst du Momente von „Sein-Dürfen“?**
- **Wie erfährst du Momente von „Angenommensein“?**
- **Wie erfährst du die Meditation, wenn dieses „Sein-Dürfen“ und das „Angenommensein“ die Grundhaltung dabei ist?**

3 Gegenwärtigsein

Das schlichte „Sein dürfen" führt uns automatisch zu einem weiteren Aspekt von Meditation: dem Gegenwärtigsein. Gegenwärtigsein bedeutet: dieser Augenblick genügt. Wir brauchen den Moment nicht zu verstehen, zu ändern oder zu verbessern. Im Gegenwärtigsein gibt es kein Richtig und Falsch. Bewertungen haben in der unmittelbaren Wahrnehmung keinen Platz. Es genügt, ganz unmittelbar zu sein. Das ist die Grundhaltung.

In manchen buddhistischen Traditionen nennt man die Orientierung am unmittelbaren Augenblick die Makellosigkeit des Meditierenden[1]. Makellos steht hier nicht für Fehlerlosigkeit oder Perfektion, sondern für eine eindeutige und immerwährende Ausrichtung auf das jetzige Lebendigsein. Wir öffnen uns dem Augenblick, wie auch immer er sich gerade zeigt. Makellosigkeit ist eine Art innere Disziplin, sich immer wieder neu am Jetzt zu orientieren.

Wir richten uns auf die Wirklichkeit aus, so wie sie sich von Moment zu Moment zeigt. Nicht unsere Ideen, Vorstellungen, Wünsche und Pläne stehen dabei im Zentrum der Betrachtung, sondern die tatsächliche Wirklichkeit des Augenblicks.

Diese kompromisslose Haltung, uns am Jetzt zu orientieren und uns für den Augenblick zu öffnen, bedeutet, uns der Führung durch das Leben zu überlassen. Das ist diametral dem entgegengesetzt, was das Ego will. Das Ego sucht Sicherheit, Kontrolle und angenehme Gefühle. Aber Gegenwärtigsein ist eine Haltung der Hingabe. Daher ist diese Haltung in der Meditation Ego transformierend.

---

1 Lediglich aus Gründen der besseren Lesbarkeit wird die männliche Form gewählt, die die weibliche Form mit einschließt.

Die Orientierung an der unmittelbaren Wirklichkeit beinhaltet eine fundamentale Wahrheit: das Anerkennen der Existenz. Wir messen dem Tatsächlichen mehr Wert bei als unserer Gedankenwelt. Durch diese Grundhaltung entfaltet sich eine große Einfachheit: Wir sind unmittelbar mit dem, was ist – nichts weiter.

In dieser Einfachheit werden wir reduziert. Unsere Pläne, Vorstellungen und Wünsche fallen weg. All unsere Filter von Richtig und Falsch, von Wollen und Abneigung fallen weg. Selbst unsere üblichen Selbstbilder, unsere alltägliche Identität, sind in dieser Einfachheit nicht mehr von Belang.

Wenn wir uns dieser Einfachheit des Gegenwärtigseins überlassen, werden wir darin einen schlichten, stillen Frieden finden. Wir sind im Einklang. Es gibt keine Reibung und keinen Widerstand mehr.

Diese Einfachheit ist gleichzeitig erfüllend und intensiv. Sogar ein schlichtes Geschehen wie das Spüren der Atembewegung oder das Lauschen einer Vogelstimme wird zu einer erfüllenden Erfahrung, wenn wir unmittelbar wahrnehmen und in dieser Erfahrung anwesend sind. In solch einem Moment erschließt sich uns das Sosein der Dinge. Dieser einfache, erfüllende Friede ist ein Aspekt von Stille.

- **Wie reduziert dich Unmittelbarkeit?**
  Was fällt dabei alles weg?
- **Wie erfährst du „Unmittelbarkeit" jetzt?**

4 Offensein

Gegenwärtigsein ist die Orientierung am Augenblick, so wie er sich zeigt von Moment zu Moment. Diese Haltung impliziert eine bedingungslose Offenheit für den Augenblick. Meditation wird auf diese Weise zu einer Art Hingabe, einem Dienst am Leben. Wir könnten es auch „Gottesdienst" nennen.

Die Haltung des Dienens entspricht exakt der Haltung von Offensein. Wenn wir jemandem dienen, geht es nicht um unsere Bedürfnisse, um unsere Vorstellungen, um unser Wollen, sondern um die andere Person. Wir öffnen uns für ihre Bedürfnisse. Auch in der Meditation geht es nicht um unsere Bedürfnisse und Vorstellungen, sondern wir öffnen uns für das augenblickliche Sein. Im Christentum drückt sich diese Haltung in dem Satz aus: „Dein Wille geschehe."

Eine so bedingungslose Offenheit und Hingabe braucht ein großes Vertrauen. Das Vertrauen in das gegenwärtige Leben und dessen Führung, auch wenn es sich für unser Ego falsch oder unangenehm anfühlen sollte. Vertrauen ist die Grundlage für Offenheit. Und umgekehrt führt bedingungslose Offenheit zu einem bedingungslosen Vertrauen.

Wir überlassen uns dem größeren Willen und öffnen uns dem gegenwärtigen Geschehen. „Dieser Augenblick, ob angenehm oder unangenehm, ob erwünscht oder unerwünscht, ist richtig."

In der Meditation drückt sich die Haltung der Offenheit konkret darin aus, dass wir ein offenes Gewahrsein praktizieren und keine Konzentrationspraxis (= Objektmeditation). Bei einem offenen Gewahrsein halten wir die Aufmerksamkeit weit und alles darf in unserem Gewahrsein auftauchen, kommen und gehen. Wir grenzen nichts aus und praktizieren keine Konzentration durch Verengung unserer Aufmerksamkeit auf ein einziges Geschehen, wie zum Beispiel den Atem.

Um in dieser Offenheit fortwährend wach und konzentriert gegenwärtig zu bleiben, können wir das „Etikettieren“ als Konzentrationshilfe nutzen. Etikettieren bedeutet, das augenblickliche Erleben innerlich mit einem kurzen, knappen Etikett zu versehen. Auf diese Weise verankern wir uns in der Gegenwart, ohne unsere Aufmerksamkeit auf ein Objekt verengen zu müssen. Unsere Aufmerksamkeit bleibt beweglich und ungebunden.

Es gibt verschiedene Arten des Etikettierens, die jeweils andere Erkenntnisprozesse einladen.

Zum Beispiel: „Bewusstsein des Atmens, Bewusstsein des Denkens, Bewusstsein eines Schulterschmerzes …“ lenkt meine Aufmerksamkeit in jedem Geschehen auf die hintergründige Dimension des Bewusstseins, aus der jede Erfahrung hervortritt.

Oder wir sagen innerlich: „Atmen geschieht, Denken geschieht …“ So erkennen wir mit der Zeit, dass die Dinge aus sich selbst heraus entstehen. Letzteres führt uns in eine umfassende Hingabe.

Solange wir noch unkonzentriert und zerstreut sind, nutzen wir das Etikettieren. Wenn unsere Sammlung sich vertieft und wir unmittelbar im Augenblick sein können, lassen wir das Etikettieren und überlassen uns dem Lauschen …

- **Wie erfährst du vollkommene Offenheit?**
- **Wie verändert dich die Gegenwart, wenn du dich vertrauensvoll überlässt?**

5 Lauschen

Lauschen hat im Kontext der Meditation nichts mit dem Vorgang des Hörens zu tun, sondern meint eine Haltung, in der wir eine reine Form der Aufmerksamkeit praktizieren. Wir richten dabei unseren Fokus nicht mehr auf die Erfahrungsobjekte im Geist wie das Atmen, Spüren oder Denken, sondern wir sind ungerichtet aufmerksam – Aufmerksamkeit pur. Die Erfahrungsobjekte treten in den Hintergrund und das Aufmerksamsein selbst rückt in den Vordergrund unseres Erlebens. Die Wirkung ist ein intensives Empfinden von Dasein – ein formloses Feld von SEIN. Hier erfahren wir eine Präsenz, die frei von allen Erfahrungsobjekten ist.

Ein Hilfsmittel, um einen Zugang zum Lauschen zu bekommen, ist das systematische Sich-Konzentrieren auf die Zwischenräume von Erfahrungsobjekten. Wir lenken dabei bewusst den Fokus der Aufmerksamkeit auf die Leere zwischen den Objekten. Zum Beispiel achten wir auf die Pausen zwischen den Atemzügen oder auf die Lautlosigkeit zwischen den Geräuschen oder die Pausen zwischen Gedanken.

Wenn wir uns ganz auf Zwischenräume und die Leere darin konzentrieren, verweilen wir in einem Zustand von reiner Aufmerksamkeit und die Präsenz verdichtet sich. Je unmittelbarer es uns gelingt, zu lauschen, desto tiefer tauchen wir in ein ungerichtetes, formloses Aufmerksamsein ein und empfinden dabei eine zeitlose, unberührte Stille.

Dieser Vorgang wird auch das „Schauen ins nackte Sein“ oder das „Lauschen in die Stille“ genannt.

Die 4 Grundaspekte der Meditation ergänzen einander und gehen ineinander über:

Sein-Dürfen lässt uns entspannen und im Augenblick da sein. Wir werden mit der Zeit gegenwärtiger. Das Gegenwärtigsein führt uns automatisch zu einer Offenheit und in eine Hingabe an den Augenblick. Und beides: Gegenwärtigsein und Offenheit führen uns zu einer Sammlung im Augenblick, die es uns ermöglicht, das Aufmerksamsein selbst in den Vordergrund zu rücken. Je tiefer wir in das Lauschen eintauchen, desto intensiver erfahren wir eine zeitlose Stille, die der Urgrund aller Erscheinungen ist.

Wenn wir diese 4 Aspekte der Meditation verinnerlicht haben, können wir je nach momentaner Beschaffenheit unseres Geistes den einen oder anderen Aspekt in den Vordergrund stellen und uns auf diese Weise angemessen auf die augenblickliche innere Verfassung beziehen:

Zu Beginn der Meditation macht es Sinn, sich zunächst das „Sein-Dürfen" bewusst zu machen. Wenn unsere Aufmerksamkeit erlahmt oder wir müde und zerstreut sind, ist es hilfreich, das Gegenwärtigsein zu vertiefen und das Etikettieren zu nutzen. Bei Widerständen tun wir gut daran, uns an das Offensein zu erinnern. Wenn sich unsere Sammlung vertieft und mühelos wird, können wir das Etikettieren lassen und in das reine Lauschen übergehen. Wenn wir zu viel erreichen wollen und sich dadurch Anstrengung oder Frustration einstellt, sollten wir zum „Sein genügt" zurückkehren.

Lass zu den folgenden Grundhaltungen jeweils spontan aus dem Körper heraus eine Gebärde[2] auftauchen und erforsche, wie sich das Erleben anfühlt, wenn du in diese Gebärde hineinschlüpfst:

- **Einfach sein, sich sein lassen, angenommen sein**
- **Da sein, anwesend sein, wach sein**
- **Offen sein, sich hingeben, dienen**
- **Lauschen, ganz Lauschen sein**

2 Eine Gebärde ist ein spontaner Körperausdruck, der ein bestimmtes Erleben körperlich-seelisch zugänglich macht. Wenn wir zum Beispiel an Demut denken, würden wir uns wahrscheinlich spontan verneigen. Eine Verneigung ist mehr als eine Geste. Wenn wir sie in Achtsamkeit vollziehen, vermittelt sich uns das Gesamtgefühl zu dieser Geste.

Inspirationen für die Praxis der stillen Meditation

6 Über die Kraft der Motivation

Jeder Reise geht etwas voraus, das uns motiviert, aufzubrechen. Ohne eine Inspiration, eine Vision oder eine Sehnsucht setzen wir uns nicht in Bewegung. Erst wenn die Motivation klar und tief ist, finden wir die Kraft, lange und beschwerliche Wege auf uns zu nehmen.

Auch die spirituelle Praxis ist ein Weg, eine Reise zu unserer innersten Natur. Ohne eine tiefe Motivation werden wir die Meditation gar nicht beginnen oder sie in der nächsten unangenehmen Situation wieder sein lassen. Auch eine innere Reise braucht eine klare Motivation, die uns hilft, in schwierigen Phasen des Weges dabeizubleiben.

Was motiviert uns also, den inneren Weg zu gehen? Welche innere Sehnsucht treibt uns? Das sind Fragen, die wir uns immer wieder vor jeder Meditation stellen können, um unsere Motivation frisch zu halten. Mit diesen Fragen nehmen wir Kontakt zu unserer Sehnsucht auf und aktualisieren den inneren Antrieb, der uns meditieren lässt.

Motivation ist eine Kraft. Sie ermöglicht es uns, unsere Aufmerksamkeit in einer gesammelten Weise zu richten. Wenn wir zu einer Sache stark motiviert sind, ist es sehr leicht, wirklich konzentriert und interessiert bei dieser Sache zu verweilen. Wenn wir jedoch etwas aus Pflichtgefühl oder einer Gewohnheit heraus tun, also ohne lebendige, innere Motivation, wird es sehr mühsam sein, diese Sache unabgelenkt und konzentriert zu verfolgen. Das bedeutet, die Qualität unserer Achtsamkeit für den Augenblick erhöht sich entscheidend, wenn unsere Motivation frisch und lebendig ist.

Die Motivation zur Meditation kann vielfältig sein und sie kann sich im Laufe der Jahre verändern. Es kann sein, dass wir aus einer inneren Not oder Unzufriedenheit heraus die Praxis der Meditation beginnen und uns dabei nach Qualitäten wie innerem Frieden oder innerer Fülle sehnen. Vielleicht haben wir bereits Momente von Frieden, Klarheit und innerer Weite in unserer Meditation erfahren und sehnen uns danach, diese inneren Zustände zu wiederholen und zu vertiefen. Möglicherweise verspüren wir innerlich einen Drang, den menschlichen Geist und das Leben selbst in seiner Natur tiefer und tiefer durchdringen zu wollen. Die Suche nach Wahrheit und Erkenntnis kann eine kraftvolle Motivation sein, die uns unabhängig von „guten" oder „schlechten" Momenten in der Meditation unbeirrt dranbleiben lässt. Schließlich kann es sein, dass wir die allumfassende Verbundenheit auf unserem inneren Weg erfahren haben und sich unsere Motivation nochmals grundlegend ändert. Meditation wird dann zum Dienst am großen Ganzen.

Welche Motivation auch immer uns bewegt, keine ist besser oder schlechter. Sie ist nur ein Ausdruck davon, wo wir uns auf unserem inneren Weg gerade befinden. Wenn wir unsere aktuelle Motivation ernst nehmen und sie in uns lebendig halten, wird sie uns die Kraft geben, die nächsten Schritte zu gehen.

Reflektiere zu Beginn der Meditation:

- **Welche grundlegende Motivation bewegt dich? Wonach sehnst du dich im Tiefsten?**
- **Erforsche diese Motivation als eine innere Kraft.**

7 Sitzen wie ein Berg

Nach der Klärung der Motivation beginnt der eigentliche Weg. Wir setzen Schritt für Schritt den Fuß auf den Boden und jeder Schritt bedeutet, sich neu einzulassen. Jeder Schritt, jeder Atemzug, jede gegenwärtige Erfahrung ist eine Begegnung. Das Leben in seiner gegenwärtigen Gestalt tritt uns entgegen.

Das braucht Entschlossenheit und ein Dranbleiben, ein fortwährendes, aber ständig neues Sicheinlassen. In der buddhistischen Tradition wird dies „Rechtes Bemühen" genannt. Normalerweise verbinden wir mit „Bemühen" sofort auch „Anstrengung". Im Kontext der Meditation ist damit aber etwas anderes gemeint: die Sorgfalt und die innere Disziplin, uns auf den gegenwärtigen Moment ganz einzulassen.

„Sich einlassen" ist ein Akt des Empfangens, nicht des Tuns. Wir öffnen uns und nehmen eine Haltung des Empfänglichseins ein. „Sich anstrengen" dagegen beinhaltet ein Wollen und eine Handlung. „Empfangen" ist aber eine Nichthandlung. Trotzdem braucht es auch im Empfangen eine stetige Sorgfalt, die immer neue Aufmerksamkeit für den gegenwärtigen Moment.

Stellen wir uns vor, wir erhalten ein Geschenk. Braucht es eine Anstrengung dafür, ein Geschenk in Empfang zu nehmen? Natürlich nicht. Aber es bedeutet einen großen Unterschied in der Wirkung, ob wir es wirklich mit Sorgfalt und Liebe auspacken und uns davon berühren lassen oder ob wir es achtlos weglegen. Erst durch die Sorgfalt einer wachen Aufmerksamkeit offenbart sich uns das Geschenk des augenblicklichen Lebens.

Die Entschlossenheit, uns ganz auf den gegenwärtigen Moment einzulassen und dabei gleichzeitig die äußere Form des Sitzens oder Gehens zu wahren, gibt unserer Meditation eine enorme Stabilität. Wir halten die äußere Form ein, ganz gleich, was geschieht, und wir öffnen uns bedingungslos dem gegenwärtigen Moment, egal, ob er sich angenehm oder unangenehm, erwünscht oder unerwünscht anfühlt. Äußerlich wie innerlich ist dabei unsere Haltung bedingungslos und damit unerschütterlich wie ein Fels.

„Sitzen wie ein Berg" wird das im Zen genannt. Wobei uns hier die Assoziation eines Berges oder Felsens auch in die falsche Richtung führen kann. Ein Berg oder ein Felsen scheint etwas Starres oder Schweres zu sein, etwas Unbewegliches. In der Meditation ist unsere innere Haltung jedoch alles andere als starr. Im Gegenteil, sie ist geprägt von totaler Offenheit, von Empfänglichkeit, von einem völligen Sicheinlassen auf den Moment. Ganz anders als ein Berg verkörpern wir in der Meditation vollkommene Durchlässigkeit. Wir sitzen also eher wie Wasser oder wie der weite, offene Himmel. Wasser ist vollkommene Hingabe und der Himmel ist empfangend und bedingungslos offen, weil er alles aufnehmen und beherbergen kann.

- **Sprich zu Beginn der Meditation die Worte in dich hinein: „den Augenblick empfangen" und beobachte, wie diese Haltung deine Meditation verändert.**
- **Stell dir den weiten offenen Himmel vor, nimm eine Gebärde dazu ein und erforsche dein Erleben dazu.**
- **Wie wäre es, in der Grundhaltung des „Himmels" zu meditieren?**
- **Wie erfährst du „Bedingungslosigkeit"?**

8 Absichtslos sein

Achtsames Gewahrsein ist eine sensitive, bewusste Form der Aufmerksamkeit. Wir sind uns des augenblicklichen Geschehens bewusst und gehen in einen unmittelbaren Kontakt. Das ist nur möglich, wenn wir absichtslos sind.

Alltägliche Wahrnehmung ist in der Regel zielgerichtet, absichtsvoll und automatisiert. Hier entsteht kaum eine sinnliche Erfahrung mit den Dingen. Im Alltag benutzen wir die Dinge. Daher genügt es, wenn unser Geist die Dinge anhand oberflächlicher Merkmale erkennt, um sie entsprechend zweckgebunden gebrauchen zu können.

Wenn wir eine Tasse Tee anfassen, um daraus zu trinken, widmen wir uns nicht bewusst den Empfindungen, die die Tasse in unserer Hand auslöst. Unser Körper greift wie nebenbei zur Tasse und führt sie zum Mund, ohne bewussten Kontakt zu der sinnlichen Erfahrung bei diesem Vorgang.

Ganz anders verhält es sich, wenn wir absichtslos eine Tasse Tee ergreifen und sie mit unseren Fingern erkunden. Erst jetzt spüren wir beim Ergreifen der Tasse ihre Form, die Beschaffenheit der Oberfläche und die angenehme Wärme, die in unsere Finger hinein ausstrahlt. Finger und Tasse werden zu einer lebendigen Erfahrung des intensiven Spürens.

Je mehr es uns gelingt, nicht nur unserer Absicht und dem Gelingen einer Handlung Aufmerksamkeit zu widmen, sondern alle Facetten des Tuns mit unseren Sinnen zu erfahren, desto leichter wird es, uns von den Dingen berühren zu lassen. Unsere Aufmerksamkeit verschiebt sich dabei immer mehr von einer funktionalen Wahrnehmung zu einer sensitiven, lauschenden Achtsamkeit. Erst jetzt offenbaren sich uns die Dinge tiefer. Uns erschließt sich die wertfreie Natürlichkeit allen

Seins. Begegnen wir den Dingen offen und sensitiv, tauchen wir in eine Unmittelbarkeit ein, die sinnlich und erfüllend zugleich ist.

Die Haltung der Absichtslosigkeit ist ein zentraler Schlüssel zu unmittelbarem Gegenwärtigsein. Sie ist gleichzeitig im Einklang mit unserer Grundrealität von Gewahrsein. Das Gewahrsein ist ungerichtet, vollkommen absichtslos. Alles darf im Gewahrsein in der ureigenen Weise erscheinen und wieder vergehen. Wollen wir das Gewahrsein immer mehr verwirklichen und daraus leben, ist die Haltung der Absichtslosigkeit eine Grundvoraussetzung.

Auch die äußere Form der Praxis verkörpert aus diesem Grund die Absichtslosigkeit. Wir gehen meditativ, um zu gehen, und nicht, um irgendwo anzukommen. Wir sitzen, um zu sitzen, und nicht, um am Schreibtisch etwas zu erledigen. Gehen, um zu gehen, sitzen, um zu sitzen, atmen, um zu atmen, spüren, um zu spüren … Können wir den Geschmack von Freiheit darin erkennen, der in dieser unbedingten Natürlichkeit liegt?

In der Absichtslosigkeit kann alles sein. Es darf alles geschehen, so wie es natürlicherweise geschehen will. Unsere Wahrnehmung ist frei, die Dinge zu sehen, wie sie tatsächlich sind – ohne Verzerrung durch unsere Vorstellungen, Ziele und Vorlieben. Erst so können wir eintauchen in ein unbedingtes, freies Gewahrsein.

- **Wie sind dein Erleben und deine Aufmerksamkeit, wenn du gehst, um irgendwo hinzukommen, oder wenn du gehst, um zu gehen?**
- **Wie erfährst du ein Glas, wenn du trinkst, und wie, wenn du es absichtslos mit sensitiver, lauschender Wahrnehmung erkundest?**
- **Erinnere dich zu Beginn der Meditation an die unbedingte Absichtslosigkeit des Gewahrseins.**

9 Unmittelbar sein

Gegenwärtigsein bedeutet, unmittelbar mit den Dingen in Kontakt zu sein. Unmittelbar atmen, unmittelbar die Empfindungen im Körper spüren und unmittelbar die Geräusche im Raum hören. Was verstehen wir konkret unter Unmittelbarkeit? Das Wesen der Unmittelbarkeit besteht darin, dass es zwischen Subjekt und Objekt keinen Abstand, keine Filter und letztlich auch keine Trennung gibt. Es ist nichts dazwischen.

In der Alltagswahrnehmung dagegen gibt es eine Menge Filter und Assoziationsketten in unserem Geist, die verhindern, dass eine direkte Berührung mit dem augenblicklichen Geschehen zustande kommt. Wenn wir zum Beispiel eine Vogelstimme hören, taucht in unserem Geist sofort eine Assoziation von einem Vogel auf. Oder wenn wir in ein vertrautes Gesicht sehen, werden bei der Betrachtung des Gesichtes sogleich bekannte Gefühle und Gedanken hinzugefügt. Je vertrauter uns ein Gegenstand oder eine Person ist, desto mehr automatische Verknüpfungen gibt es in unserem Geist und desto schwieriger ist es, wieder ganz neu und unverstellt wahrzunehmen.

Unmittelbarkeit ist aber ein unverstellter, unvoreingenommener Blick auf die Dinge. Es bedeutet, die vertrauten Bilder und Erinnerungen in unserem Kopf für einen Augenblick ganz beiseite zustellen und uns ganz frisch, mit neuen Augen, einzulassen und in Kontakt zu gehen. Kontakt wiederum bedeutet ein bewusstes „in Verbindung sein“.

Oft wird Achtsamkeit in der Meditation als ein Vorgang verstanden, bei dem es darum geht, die Dinge mit Abstand zu betrachten. Doch dieses Vorgehen verstärkt die Trennung von Subjekt und Objekt in unserem Geist, die das Ego unbewusst erzeugt. Da gibt es innen und außen, ich und die anderen. Alles bleibt für sich.

Einssein ist unmittelbarer Kontakt. Gegenwärtigsein in der Meditation ist die Praxis, immer unmittelbarer mit der gegenwärtigen Erfahrung in Fühlung zu kommen. Wie fühlt sich dieser eine Atemzug konkret an? Wie klingt es, wenn wir dem Gesang eines Vogels lauschen, als hätten wir noch nie zuvor einen Vogel singen hören? Wie erfahren wir eine Verspannung in der Schulter, wenn wir in diese ohne Abwehr und ohne Vorstellung von Zeit eintauchen?

Unmittelbarkeit lässt uns die Welt neu erfahren. Wenn wir die Filter in unserem Geist ablegen und unvoreingenommen in die gegenwärtige Erfahrung eintauchen, entdecken wir, dass es keine Erfahrung gibt, die nicht sinnlich und erfüllend ist. Sogar Schmerz verändert in der Unmittelbarkeit seinen Charakter und verliert seine Bedrohlichkeit. Wir entdecken, dass alles erfüllend sein kann und dass wir zutiefst mit allem verbunden sind.

- **Betrachte einen bekannten Gegenstand (z. B. einen Stuhl) und beobachte, welche bekannten Verknüpfungen dabei auftauchen.**
- **Lege bewusst alle Vorstellungen und Erinnerungen beiseite. Erkunde diesen Gegenstand nochmals ganz unvoreingenommen. Wie ist die Erfahrung jetzt?**
- **Experimentiere in der Meditation: Wie ist es, Objekte mit innerem Abstand zu beobachten? Wenn du dagegen innerlich in einen unmittelbaren, unverstellten Kontakt mit der gegenwärtigen Erfahrung gehst, wie erfährst du dann Gegenwärtigsein?**

10 Dem Leben vertrauen

Meditation heißt, dem Pfad der Gegenwart zu folgen. Wir lassen uns dabei nicht von einer spirituellen Lehre leiten oder einem/r Meditationslehrer/in, auch nicht von unseren Vorstellungen und Ansprüchen, sondern vom konkreten Leben, das sich uns von Moment zu Moment offenbart. Wir folgen Schritt für Schritt der Gegenwart. Der Weg entsteht im gegenwärtigen Augenblick vor unseren Augen.

Der innere Pfad, der uns leitet, bildet sich erst im Gehen. Er steht noch nicht fest und niemand kann den Weg vorhersagen. Nicht einmal wir selbst. Woher auch könnten wir wissen, welche Empfindung, welches Geräusch oder welcher Gedanke als Nächstes in uns auftauchen will?

Wenn wir im Nebel gehen und keine zwei Schritte weit sehen können, wie bewegen wir uns fort? Wir können immer nur den nächsten Schritt wagen, uns auf diesen einen nächsten Schritt einlassen, dem einen nächsten Schritt vertrauen. Wenn wir nicht wissen, welche Erfahrung in der Meditation als Nächstes in uns auftaucht und alle Vorstellungen beiseite lassen, können wir auch hier nur der nächsten Erfahrung, die in der Gegenwart auftaucht, vertrauen. Immer dem einen nächsten Schritt vertrauen, ihn zulassen, ihm folgen und uns führen lassen von der tatsächlichen Erfahrung, die jetzt entsteht und jetzt und jetzt …

Wir vertrauen darauf, dass durch das Zulassen des nächsten Schrittes … und wieder des nächsten … ein Weg entsteht, der uns leitet und uns immer weiter führt. So vertrauen wir uns einer inneren Führung an, die aus der Gegenwart entsteht und einen tiefen Kontakt mit uns selbst entstehen lässt. Schritt für Schritt kommen wir zu uns selbst und darüber hinaus zu unserer innersten spirituellen Wahrheit. Es ist, als ob wir dem Leben die Hand reichen und sagen: „Ich bin blind und kenne den Weg nicht. Bitte führe mich!"

Die innere Führung kann sich nur entfalten, wenn wir uns anvertrauen. Wie kann uns jemand führen, wenn wir glauben, dass wir es besser wissen, wohin der Weg geht? Das wird bestenfalls ein Kampf, aber bestimmt kein anmutiger Tanz. Tanzen ist die Kunst, sich hinzugeben und sich führen zu lassen. Wenn wir uns innerlich nicht anvertrauen und uns führen lassen, wird unsere Meditation zu einem inneren Machtkampf: „Jetzt soll es in mir ruhig werden. Jetzt sollen die Gedanken aufhören. Jetzt soll die Verspannung in der Schulter sich auflösen …"

Sich-führen-Lassen ist jedoch vollkommen anders. Es ist eine Haltung von Offenheit und Hingabe. Eine Hingabe an das Jetzt. Unser Tanzpartner in der Meditation ist das Leben selbst. Dabei meint der Begriff „Leben" hier nichts Abstraktes, sondern etwas sehr Konkretes: Es geht nämlich um das jetzige Leben, um diesen Augenblick. Das Leben steht wie ein richtiger Tanzpartner ganz konkret vor uns und reicht uns die Hand.

Können wir diesem Atemzug, diesem Hören und diesem Gefühl, wie immer wir es gerade empfinden, die Hand reichen und uns führen lassen?

- **Stell dir vor, du tanzt mit dem Leben und lässt dich vertrauensvoll führen. Schlüpf körperlich in diese Haltung hinein und erforsche das Erleben dabei.**
- **Wie erfährst du es, aus dieser Haltung heraus zu meditieren?**
- **Was hindert dich innerlich daran, dem gegenwärtigen Moment zu vertrauen?**

11 Die Illusion von Kontrolle

Nicht selten findet sich die Vorstellung, dass man mit Achtsamkeit das Leben in den Griff bekommen könne: „Wenn ich nur genügend achtsam wäre, dann würden nicht so viele Gedanken in mir auftauchen. Wäre ich nur achtsamer gewesen, dann wäre mir dieser Fehler nicht passiert." Achtsamkeit wird hier mit Aufpassen und Kontrolle assoziiert. Das impliziert, dass Achtsamkeit es uns ermöglichen würde, das Leben fest im Griff zu haben und keine Fehler mehr zu machen.

Diese Idee von Achtsamkeit ist aus dem Ego geboren, das es sich zur Aufgabe gemacht hat, das Leben berechenbar zu machen und zu kontrollieren. In einem begrenzten, alltagsbezogenen Sinne hat dies auch seine Berechtigung. Wir müssen lernen, uns im Leben zurechtzufinden und planvoll zu handeln. Unsere Fähigkeit der Achtsamkeit dazu zu nutzen, macht Sinn.

Diese Form der Achtsamkeit aber auf die Meditation zu übertragen, führt in die falsche Richtung. Achtsamkeit im Sinne von Gegenwärtigsein ist kein Instrument der Kontrolle und der Perfektionierung, sondern ganz im Gegenteil ein wirkungsvolles Instrument, um die Illusion der Kontrolle zu durchschauen. Je achtsamer wir die Dinge in der Unmittelbarkeit betrachten, desto deutlicher sehen wir, dass wir nichts im Griff haben.

Die Dinge geschehen aus einer ungeheuren Komplexität heraus. Bei genauerer Betrachtung ist es nicht möglich, zu sagen, woher ein Gedanke, ein Gefühl oder eine Empfindung auftaucht. Wie können wir etwas kontrollieren, das aus einer so großen Komplexität heraus entsteht, dass wir immer nur einen Bruchteil davon kennen?

Es gleicht dem Versuch, das Fallen der Blätter im Herbst zu kontrollieren. So wie wir nicht vorhersagen können, woher und wie stark der

Wind weht und welche Blätter schon locker genug sind, um abzufallen, genauso vielfältig und unbekannt sind die Faktoren in unserem Geist, die dazu führen, dass innere Vorgänge wie Gedanken oder Empfindungen ausgelöst werden.

Achtsamkeit kann hier bestenfalls bedeuten, sich dieser inneren Vorgänge bewusst zu sein, aber nicht, sie zu kontrollieren. Und selbst diese Form der Bewusstheit muss angesichts der Komplexität der Geschehnisse in unserem Geist immer Stückwerk bleiben. Eine umfassende Achtsamkeit, die sich der Komplexität der Dinge zur Gänze bewusst ist, bleibt genauso ein Wunschgedanke wie die Idee der Kontrolle.

Das ist jedoch kein Problem und keine Katastrophe, wie unser Ego uns vielleicht suggeriert. Die Illusion von Kontrolle aufzudecken ist vielmehr ein Ziel der unmittelbaren Betrachtung der Dinge und führt uns mit der Zeit in eine tiefe Demut hinein. Wir erkennen, dass wir letztlich nichts im Griff haben und nicht *wir* die Dinge hervorbringen, sondern das schöpferische Leben selbst.

- **Welche Kontrollvorstellungen schleichen sich immer wieder in deine Meditationspraxis ein?**
- **Wie kannst du bemerken, wenn der Versuch von Kontrolle deine Praxis unterschwellig bestimmt?**
- **Erinnere dich zu Beginn der Meditation, dass Gewahrsein nur „die Dinge bemerken" bedeutet und keine Vorliebe hat, was geschehen soll.**
- **Beobachte unmittelbar in der Meditation, wie alles (Atmen, Spüren, Denken …) von selbst geschieht.**

12 Sich an das Gewahrsein erinnern

In der Meditation geht es immer wieder darum, sich an das Gewahrsein zu erinnern. Gewahrsein ist die grundlegende Fähigkeit des Geistes, sich bewusst zu sein. Ohne das Gewahrsein gibt es keine Wahrnehmung, keinen bewussten Gedanken, keine Gefühle und Empfindungen. Erst mit der Fähigkeit des Gewahrseins tritt die Welt in Erscheinung.

Auch die Meditation und das Gegenwärtigsein sind ohne die Fähigkeit des Gewahrseins undenkbar. Wie könnten wir das Atmen oder das Hören beobachten ohne Gewahrsein? Wie könnten wir uns der Gedanken bewusst werden ohne Gewahrsein? Jede innere oder äußere Erscheinung kann nur im Spiegel des Gewahrseins erfahren werden.

Obwohl das Gewahrsein absolut grundlegend für unser Sein und unsere Meditation ist, bleibt das Gewahrsein selbst häufig unbewusst. Der Fokus unserer Aufmerksamkeit ist zu sehr auf die vielfältigen Erscheinungen in unserem Geist gerichtet, als dass wir das allgegenwärtige Gewahrsein bewusst erkennen würden. Wir schauen auf die wechselnden Dinge, die sich auf dem Spiegel des Gewahrseins abspielen und vergessen dabei den unbedingten Raum des Spiegels selbst.

Meditation heißt, sich immer wieder an den offenen und unbedingten Spiegel des Gewahrseins zu erinnern. Jede konkrete Erfahrung, ob angenehm oder unangenehm, ist zu jeder Zeit Teil des Gewahrseins. Daher können wir uns in jeder konkreten Erfahrung an das Gewahrsein erinnern. Im Buddhismus heißt es: „Jede Erfahrung ist gut genug, um vollständig aufzuwachen." Aufwachen bedeutet hier, sich der Realität des Gewahrseins bewusst zu werden und nicht sich im ewigen Auf und Ab der normalen Erfahrungen zu verlieren.

Was ändert sich, wenn wir uns des Gewahrseins bewusst sind? Ändern sich unsere Gedanken, unsere Empfindungen oder Wahrnehmungen? Ändern sich unsere äußeren Verantwortlichkeiten und Schwierigkeiten im Leben? Nichts von alledem geschieht. Alle inneren und äußeren Vorgänge geschehen weiterhin, aber wir werden innerlich gelassener dabei. Wir erkennen in aller Bewegtheit des Geistes die grundlegende Offenheit und unbedingte Freiheit, die wir im Innersten sind.

Ein Spiegel gibt allen Spiegelungen bedingungslos Raum … er greift nicht ein. In seiner Offenheit und Unbedingtheit verkörpert er eine absolute Stille. Genauso können wir in eine offene Weite und in unbedingte Stille eintauchen, wenn wir uns an das offene Gewahrsein erinnern. Nichts muss anders sein, als es ist. Alle inneren und äußeren Vorgänge können weiter in ihrer natürlichen Bewegung ablaufen. Und doch ist es jederzeit möglich, einen Raum der Freiheit und der Stille zu betreten. Er wartet immer auf uns. Wir brauchen uns nur an ihn zu erinnern.

- **Stell dir einen stillen See vor, in dem sich die ganze Welt und der ganze Himmel spiegeln. Dann wechsle die Perspektive und erfahre dich selbst als spiegelnder See. Wie erfährst du dich dabei?**
- **Nimm die gegenwärtige Erfahrung wahr (z. B. Atmen, Hören …) und erinnere dich dann bewusst an das Gewahrsein, das diese Erfahrung widerspiegelt.**
- **Wechsle bewusst immer wieder den Fokus der Aufmerksamkeit: Schau einmal auf den Vordergrund der gegenwärtigen Erfahrung und dann wieder auf den Hintergrund des Gewahrseins.**

13 Lauschen als Instrument

Um uns auf das Gewahrsein einzustimmen, steht uns noch ein anderes Instrument zur Verfügung: das Lauschen. Lauschen ist ein unmittelbares und ungerichtetes Aufmerksamsein, das die Kraft hat, uns mit dem Gewahrsein in Einklang zu bringen.

Wenn wir zum Beispiel einer Musik lauschen, die wir lieben, haben wir eine besonders sensitive, wache Aufmerksamkeit. Wir sind dann ganz präsent im Zuhören. Gegenwärtigsein, Konzentration, Interesse und wirkliches In-Verbindung-Sein mit der Musik, also alle Qualitäten, die wir in der Praxis der Meditation nähren wollen, entfalten sich hier auf eine sehr natürliche, mühelose Weise.

Die Kraft des Lauschens erfahren wir im unvoreingenommenen Zuhören. Dieses Zuhören ist ein Vorgang, bei dem wir uns für das öffnen, was der andere uns mitteilen will. Ohne Offenheit können wir nicht zuhören. Wir hören dann nur unsere eigenen Gedanken und Meinungen. Dabei ist Lauschen noch mehr als Zuhören. Lauschen ist ein Zuhören mit einer hohen Sensitivität und mit einer gesteigerten Aufmerksamkeit. Wenn wir einer Musik oder einer Erzählung lauschen, dann bekommen wir auch die feinsten Nuancen mit.

Den Unterschied zwischen Hören und Lauschen kennen wir alle: Wie erleben wir es, wenn wir den Regentropfen zuhören und wie, wenn wir ihnen lauschen? Wie erfahren wir es, wenn wir jemandem zuhören, und wie, wenn wir seinen oder ihren Worten lauschen?

Beim Lauschen entsteht eine Intensität im augenblicklichen Erleben, ein waches Lebendigsein. Unsere Selbstgespräche schweigen und wir sind unabgelenkt und ganz offen. Wir werden zu einem Gefäß, zu einem offenen Raum, in dem alles sein kann. Beim Lauschen entstehen die gleichen grundlegenden Qualitäten, die auch das Gewahrsein hat: Offenheit, Annahme, Präsenz, Verbundenheit. Daher ist das Lauschen ein wesentliches Instrument, uns an das Gewahrsein zu erinnern und uns mit ihm in Einklang zu bringen.

Wenn wir im Kontext von Meditation vom Lauschen sprechen, ist nicht nur das Hören wie im normalen Sprachgebrauch gemeint. Es bezieht sich auch nicht auf unsere anderen Sinne, sondern auf das Aufmerksamsein selbst. Normalerweise konzentrieren wir uns beim Lauschen immer auf ein sinnliches Objekt, zum Beispiel eine Musik. Hier aber meint Lauschen, dass wir unsere Aufmerksamkeit auf nichts Bestimmtes richten, sondern sie ungerichtet und weit lassen. Reines Aufmerksamsein mit einer gesteigerten Sensitivität – offen, empfänglich und ungerichtet.

Durch die Offenheit und Bedingungslosigkeit dieses ungerichteten Lauschens bringen wir unseren Geist in die gleiche Verfassung wie beim Gewahrsein. Dabei dürfen wir nicht vergessen, dass zwischen dem Lauschen und dem Gewahrsein ein subtiler Unterschied besteht. Lauschen beinhaltet noch eine gewisse Aktivität, das Gewahrsein selbst nicht. Gewahrsein ist spontan und frei von jeder Aktivität. Lauschen geschieht nur manchmal, Gewahrsein jedoch immer. Ist es doch die Grundlage jeglicher Erfahrung. Trotzdem ist das Lauschen ein wirkungsvolles Instrument, uns auf das Gewahrsein einzustimmen und dieses mehr und mehr auf eine natürliche, anstrengungslose Weise ins Bewusstsein zu bringen.

- **Wie ist deine Erfahrung, wenn du einer Musik lauschst? Welche Qualitäten stellen sich in deinem Geist ein?**
- **Wie ist deine Erfahrung, wenn du auf die Stille im Raum lauschst? Welche Qualitäten stellen sich dann in deinem Geist ein?**
- **Lass die Worte „empfänglich sein“ in dir klingen. Nimm eine Körperhaltung dazu ein und erforsche dein Erleben dabei.**

14 Eintauchen ins Unermessliche

Gewahrsein ist offen und unbedingt. In der Praxis der Meditation erinnern wir uns immer wieder an diese grundlegende Offenheit und verkörpern diese mit unserem Dasein.

Die Qualität von Offensein beinhaltet Weite, Unbedingtheit, Freiheit und Durchlässigkeit. Offensein ist eine Ausdehnung ohne Grenzen, ein unbegrenzter Raum. Das ist durchaus ungewöhnlich, denn ein Raum ist meistens begrenzt. Ein unbegrenzter Raum dagegen ist unermesslich und für unseren Verstand nicht zu fassen. Unser Verstand braucht das Begrenzte, um etwas begreifen zu können.

Es gibt jedoch Momente, in denen wir das Unermessliche erahnen. Vielleicht schauen wir in den weiten Sternenhimmel oder blicken in einer besonderen Stimmung auf das Meer hinaus. Auch hier können wir das Unermessliche nicht sehen oder begreifen, aber wir werden trotzdem von der Qualität des Unermesslichen ergriffen und staunen. Staunen ist vielleicht die beste Möglichkeit, das Unermessliche zu berühren. In diesen Momenten ahnen wir etwas von dem Großen und Unbegreiflichen, was „Leben“ oder was „Gott“ ist.

Vielleicht aber berühren in diesen Momenten nicht wir das Unermessliche, sondern es ergreift uns. Eine tiefe, überraschende Begegnung mit der Unermesslichkeit des Lebens. Eine Erfahrung, die in unsere Welt einbricht, ohne dass wir sie mit unserem Verstand fassen können. In so einem Moment sind wir Offensein und Lauschen, und wir sind ergriffen von dem Unermesslichen, was Leben ist.

Das Offensein der Meditation ist die Verkörperung des Unermesslichen. Dabei ist diese Art von Offensein ganz anders als die, die wir normalerweise kennen. Wenn wir normalerweise von Offenheit sprechen, meinen wir meist das Gegenteil von Enge oder Verschlossenheit. Das Offensein des Gewahrseins ist dagegen unbedingt und unbegrenzt. Es ist sowohl offen für die Weite als auch für die Enge, sowohl für das Angenehme als auch für das Unangenehme, für das ganze jetzige Leben in all seinen Facetten und Widersprüchlichkeiten.

Ist die Weite des Himmels durch eine schwarze Gewitterwolke begrenzt? Ist das Meer durch den Horizont begrenzt? Ist unser Dasein durch seelische oder körperliche Beeinträchtigungen begrenzt? Oder durch Gedanken, Vorstellungen und Vorlieben? Für das bedingungslose Offensein muss nichts davon weg oder anders werden. Es umfasst alles.

Nur in dieser Unbedingtheit ist das Offensein des Gewahrseins frei, alles zu umfassen und selbst dem Unermesslichen Raum zu geben. So wird das Offensein für uns zu einem Tor, um in das Unermessliche einzutauchen und zu erkennen, dass auch wir ein Teil des Unermesslichen sind.

- **Vergegenwärtige dir das Unermessliche des Himmels und nimm eine Körperhaltung für diese Erfahrung ein. Wie ist dein Erleben dabei?**
- **Erinnere dich daran, dass Offensein alles einschließt, das Angenehme wie das Unangenehme, das Erwünschte wie das Unerwünschte. Nichts muss weg und nichts muss anders sein, als es jetzt ist. Wie ist deine Meditation, wenn sie alles umfasst, was ist?**

15 Sich mit Hindernissen anfreunden

Sich von Moment zu Moment der Gegenwart zuwenden, das ist die Praxis der Meditation. Was könnte natürlicher sein, als sich dem zu öffnen, was gerade da ist? Trotz dieses einfachen Geschehens tauchen immer wieder Hindernisse auf. Zu den klassischen Hindernissen in der Meditation zählen Schläfrigkeit, Ruhelosigkeit, Langeweile, Zweifel und auch Stolz.

Schläfrigkeit führt dazu, dass unsere Aufmerksamkeit für das gegenwärtige Erleben erlahmt und wir in Tagträume abrutschen. Ruhelosigkeit kann sehr quälend sein und hindert uns an der nötigen Sammlung und Stabilität unserer Achtsamkeit. Langeweile lässt unser Interesse und damit auch unsere Aufmerksamkeit stumpf werden. Zweifel führt dazu, dass wir bei unangenehmen Zuständen unserem inneren Widerstand folgen und unsere Meditation frühzeitig abbrechen. Der Stolz wiederum taucht typischerweise immer dann auf, wenn wir gerade eine „gute" Phase ohne Widerstände in der Meditation erleben, und führt dazu, dass wir innerlich abheben und die schlichte Gegenwart aus dem Blick verlieren. Natürlich gibt es neben den klassischen Hindernissen auch noch andere Faktoren, die wir als schwierig oder hemmend erfahren können: äußere Unruhe oder Lärm, körperliche Schmerzen, starke Widerstände und anderes.

Doch auch wenn diese oder andere Faktoren unsere Meditation erschweren, bedeutet dies nicht, dass sie bekämpft werden müssten. Das eigentliche Hindernis für unser Offensein und unser Gegenwärtigsein besteht nicht in der Schläfrigkeit oder was wir auch sonst immer als Problem empfinden, sondern darin, dass wir uns gegen die Schläfrigkeit wehren.

Letztlich lässt sich alles, was wir als Hindernis für unsere Meditation erfahren, auf einen Widerstand und damit auf eingrenzende Vorstellungen in uns zurückführen. Jede Art von Vorstellung darüber, wie Meditation sein soll und welches Erleben dabei entstehen soll, wirkt als innere Grenze und bewirkt einen Widerstand gegen den Facettenreichtum der Seele.

Diese oft subtilen Vorstellungen und Widerstände zu erkennen und ihre leidhafte Wirkung auf uns zu untersuchen, ist ein wesentlicher Teil der Praxis. Nur so können wir mit der Zeit innere Grenzen und Widerstände klarer erkennen und gleichzeitig das Gewahrsein entdecken, das bedingungslos ist.

Aus diesem Grund ist die beste Haltung gegenüber scheinbaren Hindernissen in der Meditation, nicht zu versuchen, sie möglichst schnell auszuräumen, sondern sich gerade mit den schwierigen Momenten anzufreunden, ihnen wertfrei zu begegnen und dort mit größerer Aufmerksamkeit zu verweilen. Es sind genau diese Momente, in denen wir Selbstgrenzen entdecken können und in denen ein großes Potential für innere Freiheit steckt.

- **Was empfindest du als typische Hindernisse in deiner Praxis? Wie kämpfst du dagegen an? Welche Art von Vorstellung führt dazu, dass du dies als störend empfindest? Wie wäre deine Meditation ohne diese Vorstellung?**
- **Oft sind auch die sogenannten Hindernisse (z. B. Schmerz) bereits ein Ergebnis von inneren Widerständen. Untersuche, wenn „schwierige“ Dinge in der Meditation auftauchen, ob es Widerstände gibt, die zu dem störenden Erleben führen.**
- **Wenn unangenehme oder störende Zustände in der Meditation auftauchen, erinnere dich an die unbedingte Annahme des Gewahrseins und sag dir innerlich: „Das darf sein.“**

16 Und immer wieder das Denken

Fragen wir Meditierende, was sie am meisten davon abhält, in der Gegenwart zu sein, dann würden sie wohl sagen: das Denken. Denken scheint das Haupthindernis zu sein für ein Leben in der Gegenwart. Tatsächlich drehen sich viele Meditationsanleitungen darum, wie wir aus dem Denken aussteigen können. Dabei entsteht schnell der Eindruck, dass Denken ein Problem sei und wir uns vom Denken befreien müssten.

Aber unsere Gedanken sind nicht das Problem. Wenn wir nicht denken könnten, dann hätten wir tatsächlich ein Problem. Gedanken sind genauso natürliche Bewegungen unseres Geistes wie Atmen, Spüren oder Hören. Achtsamkeit bedeutet nicht, die natürlichen Bewegungen in unserem Geist zu unterdrücken. Auch innere Stille ist kein Zustand, in dem jede Regung in uns schweigt. Der Versuch, nicht zu denken, ist genauso unnatürlich, wie zu versuchen, nicht zu spüren oder nicht zu hören.

Die Gedankenbewegung wird oft mit den Wellen auf dem Meer verglichen. Niemand würde auf die Idee kommen, die Wellen des Meeres glatt streichen zu wollen. Das Auf und Ab der Wellen ist natürlich und nimmt der Weite und Tiefe des Meeres nichts. Auch würde niemand versuchen, die Wolken am Himmel zu vertreiben. Wolken sind natürliche Phänomene am Himmel, sie können nicht die grenzenlose Ausdehnung des Himmels einengen.

Auch das Denken nimmt dem Gewahrsein nichts. Lediglich das Verlorensein in Gedanken verstellt uns den Blick auf die Weite und Offenheit des Gewahrseins. Wenn es also überhaupt ein Problem für die Achtsamkeit gibt, dann sind es nicht die Gedanken, sondern das Verlorensein in unseren Gedanken. Wir sind uns dabei nicht mehr des Denkens bewusst, sondern wir lassen uns durch Gedanken in innere Geschichten hineinführen, die dann unsere ganze Aufmerksamkeit in Anspruch nehmen.

Meditation ist kein Zustand des Nicht-Denkens und die Praxis der Gegenwart ist kein Versuch, aus den Gedanken auszusteigen, sondern sich des Denkens bewusst zu sein. Diese Haltung ist vollkommen annehmend, gewaltlos und bedingungslos. Nur so bringen wir uns wieder in Einklang mit dem Gewahrsein, das alle Gedanken einschließt, aber gleichzeitig davon unberührt bleibt.

Auch wenn es uns in der Praxis der Meditation immer wieder gelingt, uns des Denkens bewusst zu sein, werden wir uns weiterhin in Gedanken verlieren. Auch dies ist ein natürlicher Vorgang in unserem Geist und wir tun gut daran, uns damit anzufreunden. Die Praxis des Gegenwärtigseins ist kein Kampf gegen unsere Tendenz, uns von Gedanken vereinnahmen zu lassen. Es ist vielmehr ein Hin- und Herpendeln zwischen dem Pol des Denkens und dem Pol der Bewusstheit. Einmal sind wir mehr in Gedanken zu Hause und ein andermal mehr im Gewahrsein.

Wenn wir in der Meditation bemerken, dass wir gerade in einem Tagtraum verloren waren, sind wir uns in diesem Augenblick dessen bereits bewusst und brauchen nichts zu kontrollieren oder zu korrigieren. Wir sind bereits erwacht. Es gibt dann keinen Grund mehr, uns über den Tagtraum zu ärgern. Der Moment des Bemerkens ist auch der Moment des Aufwachens.

- **Wie ist deine innere Haltung zum Denken?**
  Was ist wertvoll am Denken?
- **Wie ist dein Erleben, wenn du ganz in Gedanken bist, und wie, wenn du dir deines Denkens bewusst bist? Wie erfährst du den Raum in dir, der sich des Denkens bewusst sein kann?**
- **Wenn du in einer Phase sehr stark von Gedanken vereinnahmt bist, erforsche, welche Gefühle sich unter dem Denken verbergen und lasse sie zu.**

17 Meditation als Spiegel der Seele

Manchmal setzen wir uns zur Meditation hin und es will sich keine Ruhe in uns einstellen. Die Sorgen, die uns gerade in unserem Leben beschäftigen, drehen sich weiter im Kopf oder wir können einfach nicht damit aufhören, den Tag und die Dinge, die vor uns liegen, zu planen. Alle Versuche, etwas mehr in den gegenwärtigen Moment zu kommen, scheitern. Die Gedanken kreisen weiter oder auch seelische Zustände vereinnahmen uns völlig.

Läuft da nicht etwas falsch? Können wir da die Meditation nicht lieber gleich sein lassen oder abkürzen? Was für einen Sinn hat Meditation, wenn wir es nicht schaffen, zumindest für einige Momente in die Stille oder wenigstens zur Ruhe zu kommen? Das sind typische Fragen und Zweifel, die uns oft noch während der Meditation befallen und nicht selten dazu führen, dass wir die Übung frühzeitig abbrechen oder vielleicht sogar die Praxis ganz aufgeben.

Aber gerade im Alltag bedeutet Praxis nicht so sehr die Verfeinerung unserer Achtsamkeit oder das Eintauchen in tiefe Zustände des Gewahrseins, vielmehr dient uns die Meditation als Raum des Innehaltens und als Spiegel unseres Geistes und unserer Seele. Innehalten und einen Raum für Aufmerksamkeit zu schaffen ist für die meisten Menschen im normalen Getriebe des Alltags eine Seltenheit und auch eine Kostbarkeit. Nur in Räumen des Innehaltens werden wir uns unseres Innenlebens bewusst.

Natürlich bedeutet das nicht, dass die jeweilige Färbung, die in unserem Geist gerade da ist, sich deswegen sofort ändert. Wenn wir uns überarbeitet zur Meditation hinsetzen, dann spüren wir unsere Erschöpfung. Wenn wir voller Sorgen sind, laufen die sorgenvollen Gedanken einfach weiter. Wenn wir gerade in einem Buch lesen, werden die Szenen des

Buches in unserer Meditation lebendig. Was immer gerade uns bewegt, wird zunächst den Raum unserer Praxis ausfüllen. Wieso auch sollte unser Geist an der Tür zur Praxis plötzlich seine Stimmung oder sein Thema verändern oder zurücklassen?

Auch wenn es uns nicht gefällt, ist es eine sehr natürliche Funktion des Geistes, dass alles, was uns bewegt, „nachverdaut" wird. Wir kennen das von Kindern. Was immer Kinder gerade beschäftigt, das werden sie versuchen, im Spiel seelisch zu verarbeiten. Wenn Kinder zum Beispiel einen aufregenden Film gesehen haben, spielen sie die Szenen des Filmes nach. Diese natürliche kindliche Verarbeitung von Erlebten findet auch in uns Erwachsenen statt, allerdings nicht mehr durch äußeres Spielen, sondern innerlich durch Gefühls- und Gedankenaktivität.

Wenn wir uns diese „Verdauungszeit" in der Meditation erlauben und unsere Praxis auch als Spiegel für Geist und Seele betrachten, dann werden wir nicht mehr darüber enttäuscht sein, wenn wir keine tiefere Erfahrung von Gegenwart machen. Wir werden dabei entdecken, dass diese bewussten Räume des Innehaltens und der Verdauung guttun und uns letztlich zu mehr Klarheit und innerem Kontakt führen, auch wenn wir uns das im Laufe der Meditation nicht vorstellen können.

- **Betrachte deinen Alltag: Wie viele Räume des Innehaltens und der „seelischen Verdauung" gibt es? Wie sehen sie aus und wie oft nutzt du sie?**
- **Erforsche, wie du die Alltagsmeditation erfährst, wenn du sie als Spiegel der Seele betrachtest.**
- **Erinnere dich daran, dass Meditation nicht nur bedeutet, zur Ruhe zu kommen, sondern auch ein Raum des Innehaltens und der Bewusstheit ist. Wie immer dein Geist gerade beschaffen ist: Es darf so sein!**

18 Leben in der Gegenwart

Meditation bedeutet, sich auf die Gegenwart einzustimmen. Die Orientierung an der Gegenwart ist alles andere als selbstverständlich. Unser Alltagsleben ist mehr von Vergangenheit und Zukunft geprägt als von der Gegenwart. Das gegenwärtige Erleben steht hier meistens nur im Dienst von zukünftigen Zielen und der Erfüllung von Aufgaben. Der innere Weg dagegen orientiert sich am Jetzt. Wenn wir dem spirituellen Weg ein Motto geben würden, dann müsste es heißen: „Leben in der Gegenwart".

Dabei ist mit Gegenwart nicht etwas Abstraktes, sondern etwas sehr Konkretes gemeint. Sie ist keine Theorie, keine Idee, kein Wunschtraum und kein Ideal. Die Gegenwart offenbart sich uns als konkrete und bewusste Erfahrung des jetzigen Moments. Nicht mehr und nicht weniger: dieser Augenblick, dieses Atmen, dieses Lesen, dieser Gedanke und dieses Sich-bewusst-Sein.

Insofern unterscheidet sich die Gegenwart sehr von unserem sonstigen Leben, in welchem wir häufig in Ideen, Träumen und Gedanken unterwegs sind. Wir nehmen hier natürlich auch konkrete Dinge wahr, aber eigentlich mehr nebenbei. Beim Essen sinnen wir darüber nach, was als Nächstes zu erledigen ist und schmecken kaum, was wir gerade zu uns nehmen. Im Zug träumen wir vor uns hin und haben kaum eine Wahrnehmung von unserer Sitznachbarin und der vorüberziehenden Landschaft. Beim Spazierengehen sind wir mehr in Gedanken bei dem Gespräch von eben, als im Wahrnehmen des Windes und der frischen Luft.

Dieses Verhältnis von Gedankenrealität und konkreter augenblicklicher Wirklichkeit drehen wir in der Meditation um. In der Praxis des Gegenwärtigseins steht das konkrete momentane Erleben im Zentrum und nicht die erdachte Realität. Wir richten das Bewusstsein auf das Jetzt aus, auf das Hiersein.

Dieser Vorgang ist ziemlich anspruchsvoll. Anspruchsvoll, weil meistens zu Beginn unsere inneren Filme und Geschichten weitergehen. Auch in der Meditation träumen wir vor uns hin, führen Selbstgespräche, denken an den nächsten Urlaub oder an das baldige Mittagessen, diskutieren mit anderen und nehmen das konkrete Atmen, das Hören und die Empfindungen im aktuellen Augenblick nicht oder kaum wahr. Unsere geistige Gewohnheit macht einfach weiter wie sonst auch. Es braucht oft eine geraume Zeit, in der wir uns immer wieder an das Gegenwärtigsein erinnern müssen, bis der Geist anfängt, ruhiger zu werden und wir ganz allmählich mehr mit unserer Aufmerksamkeit im Gegenwärtigen verweilen können und die Feinheiten der Gegenwart erfahren.

Geduld und Beharrlichkeit sind hier die wichtigsten Eigenschaften, mit denen es mit der Zeit gelingt, unsere Aufmerksamkeit mehr und mehr auf die konkrete jetzige Erfahrung zu richten. Je unmittelbarer uns dies gelingt, desto intensiver werden wir dieses schlichte Dasein genießen können. Schon ganz einfache und unspektakuläre Erfahrungen der Gegenwart erleben wir jetzt als erfüllend. Wir genießen dann das sanfte Strömen der Atemluft, den Laut der Vogelstimme und die Festigkeit des Bodens, die es ermöglicht, uns innerlich einsinken zu lassen.

- **Stimme dich immer wieder auf die Gegenwart ein: Was konkret spüre ich gerade? Wie genau fühlt sich dieser jetzige Atemzug an? Welche Empfindungen spüre ich gerade im Körper? Wie fühlt sich die Unterlage an? Welche Geräusche dringen in mein Ohr? …**
- **Versuche immer unmittelbarer und präziser die augenblickliche Erfahrung wahrzunehmen. Gehe wie mit einer Lupe immer näher an die augenblicklichen Erfahrungen heran. Versuche sie genauer, feiner und immer unmittelbarer zu erleben. Und mach dir bewusst, dass dieser Prozess offen ist: Du kannst etwas immer noch genauer, noch unmittelbarer betrachten.**

19 Das, was ist, ist

Sich einstimmen auf das Gegenwärtigsein ist grundlegend für die Meditation. Dabei ist es wichtig, sich darüber klar zu werden, dass Gegenwärtigsein bedingungslos ist. Was immer gerade jetzt konkret wahrgenommen wird, ist die Gegenwart und damit richtig.

Ob wir Entspannung oder Schmerzen fühlen: Es ist richtig. Ob wir traurig oder freudig sind: Es ist richtig. Ob wir der Stille lauschen oder dem Lärm eines Flugzeugs: Es ist richtig. Ob viele Gedanken da sind oder Gedankenstille herrscht: Es ist die Gegenwart. Gegenwärtigsein kennt keine Vorliebe, keine Absicht, kein Ziel, kein Wollen und keinen Widerstand. Mit dem sein, was ist. Das ist unbedingte Annahme.

Unser Ego jedoch hat eine Menge Vorlieben. Auch in der Meditation sind wir von Vorlieben nicht frei. Wir wollen Gedankenstille und tiefe Einsichten. Wir wollen eine große Intensität erfahren oder ärgern uns, wenn Baulärm unsere Meditation begleitet. Wir wollen keine Schmerzen und natürlich inneren Frieden.

Die Haltung des Gegenwärtigseins ist von all dem frei. Diese Haltung ist so bedingungslos, dass sie sogar frei davon ist, keine Vorlieben zu wollen. Im Gegenwärtigsein nehmen wir die momentane Vorliebe oder den augenblicklichen Widerstand einfach wahr: Dieser Schmerz und dieser Widerstand dagegen ist die unmittelbare Gegenwart und damit das Richtige. Nicht im Sinne einer Bewertung, sondern als eine konkrete Erfahrung, die existiert.

Das, was ist, ist. Das, was ist, ist das Richtige.
Können wir spüren, wie bedingungslos diese Haltung ist?

Wenn wir uns immer wieder auf diese unbedingte Haltung einstimmen und sie in der Praxis einnehmen, werden die Vorstellungen und Vorlieben des Egos immer mehr transformiert. Ob unsere Meditation tief ist oder nicht und ob die Praxis unseren Vorstellungen entspricht oder nicht, spielt dabei keine Rolle.

Diese Haltung einzunehmen bringt uns in der Folge immer mehr mit einem stillen, inneren Frieden in Kontakt. Dieser Friede ist die Frucht daraus, immer mehr im Einklang mit der Wirklichkeit zu sein. Wir sind mit den Dingen, wie sie tatsächlich sind, und unsere Vorstellungen, Ideen und Vorlieben werden immer unbedeutender.

Im Einklang sein, unmittelbar sein, sowohl mit der Verspannung sowie mit der Entspannung, mit dem Denken und mit der Gedankenstille, mit der Trauer und mit der Freude sein. Das ist der Weg zu innerem Frieden.

- **Welche Vorlieben und Vorstellungen hast du bzgl. deiner Meditation? Wann bemerkst du Widerstand, Frustration oder Anstrengung? Wie kannst du dich damit anfreunden und beides umfassen: das Unerwünschte und den Widerstand dagegen?**
- **Sprich die Worte in dich hinein: „Das, was ist, ist. Das, was ist, ist das Richtige.“ Nimm dazu eine Gebärde ein und erforsche, wie dein Erleben dabei ist.**

20 Sein genügt

Die Praxis des Gegenwärtigseins führt uns in eine große Einfachheit hinein. Wenn das, was ist, richtig ist, dann brauchen wir nichts mehr zu erklären, zu verstehen, zu ändern oder zu verbessern. Wir brauchen uns nicht für irgendetwas anderes anzustrengen oder Widerstand zu leisten. Wir brauchen uns nicht mehr zu beweisen oder darzustellen. Die ganze Aktivität des Egos läuft dann ins Leere.

Das Ego basiert auf grundlegenden Überzeugungen wie: „Ich bin getrennt“ und „Ich bin ungeliebt.“ Aus diesen Überzeugungen ergibt sich eine unablässige Aktivität: Wir strengen uns dafür an, geliebt zu werden. Wir wollen verstanden werden und ringen um Verbundenheit. Wir suchen Anerkennung und tun alles dafür, um uns in einem guten Licht zu präsentieren. Wir sehnen uns nach Liebe und passen uns an. Aktivität über Aktivität, Anstrengung über Anstrengung.

Die Einfachheit des Gegenwärtigseins sagt uns aber etwas ganz anderes: „Es genügt, zu sein. Unser Dasein genügt.“ Für unser Ego ist das kaum vorstellbar. Es fragt sich: „Ich muss nichts mehr dafür tun, um geliebt zu werden? Ich muss mich nicht mehr dafür anstrengen, besser zu werden?“ – „Nein“, sagt das Gewahrsein, „sein genügt.“ Darauf das Ego: „Aber ist das nicht langweilig? Und bin ich dann nicht langweilig? Geschieht dann noch eine Entwicklung? Mache ich es mir dadurch nicht zu leicht?“ – „Keine Sorge“, sagt das Gewahrsein, „sein genügt. Das ist für dich viel anspruchsvoller als etwas zu tun.“

Wenn wir uns auf dieses Einfachsein einlassen und die Aktivität des Egos immer mehr loslassen, werden wir merken, dass es alles andere als langweilig ist, zu sein. Es ist vielmehr ein wacher und intensiver Zustand, in dem es weiterhin eine natürliche Entwicklung gibt. Auch werden wir entdecken, dass wir einen unbedingten Wert besitzen, der in unserem Sein liegt und nicht in unserer Leistung, unserem Verhalten oder dem, was wir nach außen hin darstellen.

Der grundlegende Segen und Wert unseres Menschseins liegt im Dasein, ist im natürlichen Lebendigsein begründet. Darin, dass uns dieses Leben geschenkt ist. Sein ist grundlegender als Tun und das Natürliche ist grundlegender als irgendwelche Rollen, Masken und unser Image.

Wenn ein Kind geboren wird, spüren wir intuitiv, dass der Segen und der eigentliche Wert eines Menschen darin bestehen, dass er lebt. Das ist genug. Alles andere ist Dreingabe und damit sekundär. Mit diesem Segen des Lebendigseins ist uns alles auf eine sehr grundlegende Art mitgegeben: unser Wert und unser Angenommensein. Leider vergessen wir das mit der Zeit wieder. Wir entwickeln ein Ego, das uns glauben lässt, wir müssten uns anstrengen, um einen Wert zu haben.

Doch im „einfach sein" des Gegenwärtigseins können wir diesen Segen und diese unbedingte Liebe, die sich darin ausdrückt, wieder spüren. Die grundlegende Botschaft ist: „Sein genügt."

- **Sich immer wieder diese eine Frage stellen: „Was ist richtig daran, sich für seinen Wert anzustrengen?"**
- **Sprich die Worte in dich hinein: „Sein genügt." Nimm dazu eine Gebärde ein und erforsche, wie dein Erleben dabei ist. Wie erfährst du hier deinen Wert?**
- **Wie erfährst du die Meditation, wenn du von diesem „sein genügt" ausgehst?**

21 Wie die Dinge geschehen

Offenes Gewahrsein kennt keine Begrenzung, keine Ablehnung, keine Anstrengung und kein Tun. Die Dinge tauchen im Raum unseres Bewusstseins in ihrer eigenen Weise auf und vergehen wieder. Wenn wir in diesen Raum eintauchen, erkennen wir, dass hier alles von selbst geschieht. Jenseits unseres normalen Tätigseins in der Welt existiert dieser Raum, der von jeglichem Tun frei ist. Ein Raum, aus dem heraus alle Erfahrungen und alle Handlungen geschehen.

Ist es da verwunderlich, dass sich darin eine tief greifende Entspannung breitmacht? Eine Tiefenentspannung und ein Auftanken, das wir sonst nur im traumlosen Tiefschlaf kennen? Diese Entspannung wurzelt in der Natur des Gewahrseins, das kein Tun, keine Vorliebe und damit keine Anstrengung kennt. Die Praxis der Meditation ist daher zuinnerst ein Raum der grenzenlosen Entspannung.

Doch ungeachtet dessen geschieht es in unserer Meditationspraxis wie in unserem Alltag häufig, dass wir Anspannung und Anstrengung fühlen. Aus der Egoperspektive müssen wir uns anstrengen dafür, dass die Dinge geschehen, dass wir besser werden und Entwicklung geschieht. Wir müssen uns anstrengen dafür, dass wir Unerwünschtes vermeiden oder loswerden. All dem liegt die Überzeugung zugrunde, dass „wir" die Dinge tun müssen.

Sogar in der Meditation haben wir oft das Gefühl, dass Achtsamkeit ein Tun ist und unserer Anstrengung und unseres Bemühens bedarf. Daher sprechen wir davon, dass wir Achtsamkeit „üben" müssen. Auch die Meditation wird so zu einem Vorgang, bei dem es ums Tun und das Erreichen von bestimmten Zielen und Erfahrungen geht.

Aber jede Vorstellung von Tun bewirkt körperlich und geistig eine subtile, aber fühlbare Anspannung und Verengung und führt letztlich in eine Anstrengung. Wann immer wir also Anspannung und Anstrengung in unserer Meditation erfahren, geht es darum, die Vorstellung zu sehen, die diese Anstrengung erzeugt. Erst wenn wir klar erkennen, welche Vorstellung uns gerade verengt, können wir uns wieder für den bedingungslosen Raum des Gewahrseins öffnen.

Muss unsere Vorstellung oder unsere Anspannung aufhören, um in die Entspannung zu kommen? So denken wir normalerweise und strengen uns schon wieder an, etwas loszuwerden. Aber das Gewahrsein selbst ist unbedingt. Es umfasst auch unsere Vorstellungen und unsere Anstrengung. Daher genügt es, die Vorstellung und die Anstrengung zu sehen und zu bemerken, wie auch diese Vorstellung und diese Anstrengung von selbst im Raum des Gewahrseins geschehen. Dann brauchen wir nicht mehr einzugreifen, uns dagegen zu wehren, irgendetwas zu verändern oder zu verbessern, uns für oder gegen etwas anzustrengen. Wir können dann die Anstrengung und alles, was geschieht, sich selbst überlassen.

Genau in dem Moment, in dem wir die Dinge sich selbst überlassen, bringen wir uns wieder in Einklang mit dem natürlichen Gewahrsein, aus dem heraus alles von selbst geschieht, und wir erkennen, dass der Raum des Gewahrseins kein Tun und keine Anstrengung kennt.

- **Was glaubst du, in der Meditation „tun“ oder „üben“ zu müssen? Untersuche, welche Wirkung diese Vorstellung hat. Wie erfährst du Meditation ohne diese Vorstellung?**
- **Erinnere dich zu Beginn der Meditation an den Raum des Gewahrseins, aus dem heraus alles entsteht, und sprich den Satz in dich hinein: „Die Dinge sich selbst überlassen.“ Nimm dazu eine Gebärde ein und erforsche, wie dein Erleben dabei ist. Wie erfährst du die Meditation, wenn du von diesem „Raum jenseits vom Tun“ ausgehst?**

22 Sich erinnern hat Macht

Gerade im Alltag ist die Praxis der Meditation ein Raum des Innehaltens und des Sich-Erinnerns. Hier finden wir einen Moment der Muße, um uns an das zu erinnern, was wir jenseits der aktuellen Geschehnisse unseres Lebens zuinnerst sind. Wir können das vergleichen mit dem Erleben, wenn wir in einem fremden Land unterwegs sind und uns für einen Augenblick an unser Zuhause erinnern und dabei spüren, dass es immer auf uns wartet.

Sich erinnern hat Macht. Es lässt uns unsere Aufmerksamkeit auf etwas richten, das dann in unserem Bewusstsein auftaucht und lebendig wird. Im Alltag ist unsere Erinnerung meist rückwärtsgewandt. Wir lassen dadurch etwas Vergangenes in unserem Geist lebendig werden, auch wenn es uns jetzt nicht mehr zur Verfügung steht. Ganze Welten leben dadurch in unserer Erinnerung wieder auf und nicht selten verlieren wir uns dabei in schönen oder schmerzhaften Ereignissen, die uns noch heute innerlich bewegen und manchmal auch bestimmen.

In der Meditation dagegen erinnern wir uns an die Gegenwart. Dies ist wie ein Moment des Aufwachens aus den Alltagsträumen des Denkens, Planens, Sorgens und Beschäftigtseins. Dieses Sicherinnern ist jetztbezogen und ein Tor zu den Qualitäten, die aktuell in unserer Seele da sind und auf ihre Entfaltung warten.

Wir erinnern uns an die Dimension des Gewahrseins und lassen dabei die Qualitäten von Präsenz, von unbedingter Annahme, von innerer Freiheit und Weite, von innerem Frieden durch unsere Aufmerksamkeit lebendig werden. Im Gegensatz zu vergangenem Erleben steht uns das Gewahrsein und dessen grundlegende Eigenschaften immer und auch jetzt zur Verfügung, da es die Grundlage unseres Menschseins ist.

Warum also neigen wir dazu, uns mehr an das Vergangene zu erinnern als an die Unbedingtheit der Gegenwart? Warum durchleben wir immer und immer wieder in unserer Seele bestimmte schmerzvolle Erfahrungen, statt uns an das zu erinnern, was in uns immer heil ist? Beides steht uns gleichzeitig zur Verfügung. Das Tor zur Vergangenheit ist genauso offen wie das Tor in die Gegenwart und doch scheint unsere Gewohnheit immer wieder dazu zu tendieren, die Aufmerksamkeit auf das Vergangene zu lenken.

In der Meditation kehren wir diese Gewohnheit bewusst um. Wir erinnern uns an die Kraft und das Potenzial der Gegenwart und treten durch das Tor der Gegenwart in den offenen und unbedingten Raum des Gewahrseins ein. Das Einzige, was wir dazu brauchen, ist unsere Erinnerung und unsere Aufmerksamkeit.

- **Beobachte, wie oft du in Erinnerungen an Vergangenes bist und welche Wirkung das hat.**
- **Experimentiere mit der Kraft der Erinnerung: Erinnere dich an einen Moment von großer Präsenz. Erforsche, was in dir geschieht, wenn du dich erinnerst.**
- **Welche Qualität des Gewahrseins ist dir besonders wichtig? Finde dafür eine Metapher oder einen Körperausdruck und erinnere dich daran zu Beginn deiner Meditation bis dieser Aspekt ganz in dir lebendig ist.**

23 Gewahrsein und Freiheit

Gibt es für uns Menschen eine Freiheit? Unser äußeres Leben ist durch Beziehungen, Verantwortung, Aufgaben, Rollen und vieles andere bedingt. Auch unser seelisches Erleben ist von einer Vielzahl innerer und äußerer Faktoren abhängig. Das bedeutet, dass in unserem Leben sowohl innerlich wie äußerlich nur eine sehr relative Freiheit besteht.

Diese Freiheit gleicht der eines Drachenfliegers. Obwohl er vielleicht subjektiv das Empfinden hat, selbstbestimmt durch die Luft zu schweben, ist er komplett abhängig von der Tragfähigkeit der Luft, von der Thermik und von den Windbewegungen. Ähnlich wie ein Drachenflieger schweben wir durch das Leben und müssen ständig alle Faktoren, die auf uns einwirken, ausbalancieren.

Doch unabhängig von unserer Bedingtheit als Mensch können wir in uns eine Dimension entdecken, die unbedingt und damit wirklich frei ist. Wenn wir, und sei es auch nur für einen kurzen Moment, in das Gewahrsein eintauchen, spüren wir den Freiraum, der sich hier wie ein feiner Duft ausbreitet. Kannst Du gerade spüren, wie das Gewahrsein frei ist? Wie darin alles, was ist, Platz hat? Wie es nicht verklebt ist mit Gedanken, Gefühlen und Wahrnehmungen? Wie sich hier eine tiefe Entspannung, ein Loslassen, ein „sein dürfen“ ausbreiten?

Das Besondere an der Freiheit des Gewahrseins ist ihre Absolutheit. Diese Freiheit ist unbedingt, da alles so sein darf, wie es ist. Auch Gedanken, Gefühle und Wahrnehmungen dürfen hier sein und stören nicht. Diese Art von Freiheit ist ganz anders, als wir uns normalerweise Freiheit vorstellen. Im Urlaub fühlen wir Freiheit, wenn es gerade keine Pflichten gibt. Oder in unserer Beziehung fühlen wir Freiheit, wenn gerade alle Bedürfnisse gestillt sind und andere Menschen keine Erwartungen an uns haben. Immer müssen bestimmte Faktoren, die uns einengen, wegfallen, damit wir in unserem normalen Leben Freiheit empfinden können.

Auch in der Meditation denken wir manchmal, dass wir diese Freiheit nur entdecken können, wenn der Lärm der Welt und der innere Lärm unserer Gedanken schweigen. Wir ärgern uns über den Krach der Baustelle nebenan oder über unsere eigene Unruhe. Doch diese Art von Freiheit, wenn alle Bedingungen gerade passend sind, ist nur in wenigen Augenblicken möglich und somit eine Idealvorstellung, die der Natur des Geistes und des Lebens widerspricht. Daher kann sie kein Dauerzustand sein.

Dies ist vergleichbar mit dem Idealzustand des Meeres ohne Wellen. Moglicherweise gibt es das in seltenen Momenten, aber die Natur des Meeres ist es, Wellen zu haben. Solange wir diese Art von Freiheit in idealen, aber unnatürlichen Bedingungen suchen, bauen wir uns ein neues Gefängnis aus sehr engen Idealvorstellungen.

Das Gewahrsein jedoch ist von all diesen Gedankengängen frei. Hier sind wir keinen Beschränkungen unterworfen, was auch immer gerade in uns auftaucht und wie die Bedingungen auch immer gerade sind. Die Bedingtheit des Lebens ist aus dieser Perspektive eine Art optische Täuschung. Es ist die gleiche Art von Täuschung, die wir haben, wenn wir in einen Spiegel schauen. Der Spiegel ist frei, offen und unberührt und doch sehen wir nur Dinge, die sich darin spiegeln. Je mehr wir unsere Aufmerksamkeit auf die Spiegelungen richten, desto mehr bestimmen diese unser Erleben. Müssen die Spiegelungen verschwinden, damit der Spiegel frei und unbedingt ist? Müssen unsere Gedanken und Empfindungen verschwinden, damit wir frei sein können?

Die Natur des Gewahrseins ist wie ein Raum, der alles umfassen kann. Er umfasst alles und durchdringt alles. Er ist frei, unbedingt und gleichzeitig in allen Dingen anwesend. Wenn wir uns nur einen Augenblick lang in dieses unbedingte Sein hineinfallen lassen, spüren wir, wie diese Freiheit uns durchdringt.

Erinnere dich an den unbedingten Raum des natürlichen Gewahrseins und lass dich in diesen Raum innerlich hineinfallen. Was breitet sich hier aus? Wie erfährst du jetzt Gedanken, Gefühle, Wahrnehmungen …?

24 Achtsamkeit als Instrument der Liebe

Manchmal können Metaphern sehr hilfreich sein, um eine bestimmte Qualität des Gewahrseins zu verdeutlichen. Zum Beispiel erahnen wir in der Metapher des Spiegels die Freiheit und Unbedingtheit des Gewahrseins und im Bild des Himmels seine Offenheit und Unermesslichkeit. Doch so hilfreich Metaphern auch sind, so begrenzend und irreführend können sie auch sein.

Der Vergleich mit einem Spiegel verdeutlicht zwar die Qualität der Unberührtheit, aber er vermittelt gleichzeitig das Gefühl, dass das Gewahrsein kühl, distanziert und neutral ist. Auch die Praxis der Meditation kann äußerlich ähnlich kühl erscheinen. Die Menschen sitzen hier stoisch, fast wie eingefroren, ohne jeglichen Kontakt untereinander. Jegliche menschliche Wärme und Gefühlsregung scheint hier fehl am Platz. Ähnlich kühl und nüchtern präsentiert sich uns oft die Ästhetik von Meditationsräumen – vor allem im Zen.

Doch der Eindruck täuscht. Es geht in der Praxis nicht um eine stoische, kühle und distanzierte Aufmerksamkeit, sondern um ein zugewandtes, liebendes Gewahrsein. Diese Qualität ist empfindsam und beinhaltet Berührbarkeit und menschliche Wärme. Wir wenden uns dem augenblicklichen Geschehen in einer annehmenden, wohlwollenden Haltung zu und gehen in Berührung mit den Dingen.

Wie sehr sich ein kühles, distanziertes oder neutrales Beobachten von einem liebenden Gewahrsein unterscheidet, kennen wir alle aus Gesprächssituationen. Wie fühlt es sich an, wenn wir jemandem kühl und distanziert zuhören und wie wirkt es wohl auf das Gegenüber? Und welche Wirkung hat es, wenn wir im Zuhören berührbar und wohlwollend bleiben? Unser Gesprächspartner wird sich im ersten Fall wahrscheinlich unwohl fühlen und anspannen oder sich sogar verteidigen. Im letzteren Fall wohl entspannen und zunehmend Vertrauen fassen.

Dieselbe Wirkung hat die Qualität unserer Aufmerksamkeit auf unsere Seele. Ein kühles, distanziertes oder sogar strenges Beobachten des inneren Erlebens führt zu einer inneren Anspannung und zu dem Glauben, dass wir in unserer Ganzheit nicht geliebt sind. Sofort geraten wir in Anspannung und strengen uns an, um möglichst perfekt zu werden. Achtsamkeit wird hier als ein Instrument für Perfektion und Kontrolle begriffen. Das ist die Interpretation unseres Egos.

Ganz anders ist die Wirkung, wenn wir mit liebendem Gewahrsein, mit Annahme, mit Berührbarkeit und Wärme den gegenwärtigen Moment beobachten. Sofort entspannt sich unsere Seele. Wir fühlen einen Raum von In-Ordnung-Sein. Wir entspannen uns und lassen uns immer tiefer einsinken, bis wir spüren, dass wir auf eine grundsätzliche Weise angenommen sind, unabhängig davon, ob wir gerade Idealvorstellungen entsprechen oder nicht.

Liebendes Gewahrsein verwandelt ganz natürlich die Vorstellung des Egos, dass irgendetwas an uns nicht in Ordnung sei. Wir werden in unserer Ganzheit liebevoll umfasst. Wie eine gute Mutter hält uns das Gewahrsein in seinen gütigen und grenzenlos annehmenden Armen. Auf diese Weise wird unsere Achtsamkeit zu einem Instrument der Liebe und der Befreiung.

- **Wie liebend oder distanziert ist die Qualität deiner Achtsamkeit? Was willst du durch deine Achtsamkeit bewirken?**
- **Sprich die Worte: „Liebendes Gewahrsein" in dich hinein und nimm dazu eine Gebärde ein. Erforsche, wie dabei dein Erleben ist. Wie erfährst du die Meditation, wenn du aus dieser Haltung heraus meditierst?**

25 Was uns verwandelt

Es gibt Phasen auf dem inneren Weg, in denen scheint alles zu stagnieren. Unsere Fähigkeit, mit unserer Aufmerksamkeit in der Gegenwart zu verweilen, wird und wird nicht besser. Oder wir haben das Gefühl, dass es uns an Inspiration mangelt und sich keine Tiefe in unserer Meditation einstellen will. Immer mehr zweifeln wir an Sinn und Nutzen unserer Praxis.

Hinter all diesen Gefühlen und Zweifeln steht die Sehnsucht nach Tiefe und Intensität. Wir suchen nach Erfahrungen, die uns erfüllen. Wir suchen nach spirituellen Einsichten, die uns verwandeln. Wir sehnen uns nach dem Durchbruch und nach veränderten Bewusstseinszuständen, in denen wir tiefe Seinserfahrungen erleben. Wir suchen die Stille und Weite des Gewahrseins in unserer engen und kleinen Alltagswelt.

Doch auch wenn die Meditationspraxis ein Tor sein kann, um solche oder ähnliche Erfahrungen zu haben, dürfen wir nicht vergessen, dass uns nicht die Intensität der Praxis verwandelt und auch nicht die Einsichten, die wir durch Meditation bekommen können, sondern das stete Verkörpern der bedingungslosen Annahme, die die Praxis des Gegenwärtigseins bedeutet. Unabhängig davon, wie konzentriert oder unkonzentriert, wie tief oder wie oberflächlich unsere Praxis ist, begeben wir uns immer wieder neu in eine innere Haltung, mit dem zu sein, was gerade ist. Wir verinnerlichen dabei immer tiefer die Grundhaltung von Präsenz, im Moment anwesend zu sein, von Annahme, mit der Wirklichkeit in Einklang zu sein, und von Offenheit, einer Hingabe an den Augenblick.

Diese Grundhaltungen zu verinnerlichen, verwandelt uns wirklich. Es verändert nicht nur unser Dasein auf dem Meditationskissen, sondern wird mehr und mehr zu unserer Grundhaltung in allen Lebenssituationen. Die Verwandlung, die sich hier in uns vollzieht, findet allerdings langsam und fast unmerklich statt. Sie verändert uns nicht an der Oberfläche, sondern in der Tiefe. Das Fundament unseres Daseins bekommt allmählich einen völlig anderen Charakter.

Um verschiedene Haltungen, aus denen wir heraus leben können, zu beschreiben, können wir uns vorstellen, wie sich wohl der Unterschied anfühlen mag zwischen dem Erleben, eine Trutzburg zu sein oder ein geschmeidiger Baum. Die Grundhaltung des Egos gleicht mehr einer Trutzburg, die versucht, sich durch Kontrolle und festgefügte Vorstellungen gegen die Winde des Lebens zu behaupten. Für eine Trutzburg fühlt sich das Leben bedrohlich oder sogar feindlich an. Ein Baum dagegen ist zwar in der Tiefe verankert, aber er ist gleichzeitig in seiner Krone beweglich und kann sich den Winden des Lebens anpassen und hingeben. In dieser Mischung aus innerer Verankerung und Hingabefähigkeit erfährt der Baum das Leben als spielerischen Tanz.

Je mehr wir im Gewahrsein verankert sind und gleichzeitig Annahme, Offenheit und Hingabe als Grundhaltungen verkörpern, desto mehr wandelt sich auch, wie wir das Leben erfahren. Trotz aller Überraschungen, Schwierigkeiten und Schicksalsschläge vertrauen wir dem Leben im Ganzen immer mehr und spüren die Liebe und die Verbundenheit, die in allem wirkt. Auf diese Weise verwandeln wir durch die Praxis nicht nur uns und unser Leben, sondern wir wirken auch am Frieden in der Welt mit.

- **Stell dir vor, eine Trutzburg zu sein. Nimm dazu eine Körperhaltung ein und erforsche dein Erleben dabei. Wie erfährst du hier die Winde des Lebens und welches Lebensgefühl entsteht?**
- **Stell dir vor, ein Baum zu sein. Nimm dazu eine Körperhaltung ein und erforsche dein Erleben dabei. Wie erfährst du hier die Winde des Lebens und welches Lebensgefühl entsteht?**

Teil zwei

Das innere Erforschen

1 Über die Seele

Im Volksmund sprechen wir von Seele, wenn wir die emotionale Befindlichkeit eines Menschen meinen. Aber Seele umfasst mehr als nur unsere Emotionen. Das merken wir spätestens, wenn wir tief in die Stille eintauchen und Gefühle keine Rolle mehr spielen. Daher kommen wir dem Begriff der Seele am nächsten, wenn wir Seele als einen *inneren Erfahrungsraum* betrachten, der unsere Gefühle, unsere Körperempfindungen und das gesamte Erleben mit einschließt.

Wenn wir in diesen Erfahrungsraum eintauchen, erkennen wir, dass sich Seele auch in einer *schöpferischen Lebendigkeit* ausdrückt, die sich von Moment zu Moment in unserem Erleben neu entfaltet. Diese Lebendigkeit wandelt sich unentwegt und ist am ehesten mit einem inneren Fließen – einem Seelenfluss – vergleichbar. Seele ist somit nicht fassbar und keine statische Größe. Wir können uns nur immer wieder neu für dieses lebendige Geschehen öffnen.

Etwas, das in jedem Moment neu und schöpferisch wirkt, kann uns erfüllen und im wahrsten Sinne des Wortes „beseelen“, wirkt aber *jenseits unserer Vernunft.* Kann man Schönheit oder Liebe erklären? Ist so ein Erleben vernünftig? Selbst wenn wir versuchen, beseelte Momente in Worte zu fassen, ist es, als ob wir mit einer Kamera Musik festhalten wollten. Es ist das falsche Werkzeug.

Auch können und dürfen wir nicht den Fehler machen, diese Momente zu verallgemeinern, sonst laufen wir Gefahr, andere Menschen mit unserer persönlichen Wahrheit missionieren zu wollen und deren Erleben zu bewerten. Eine schöpferische Bewegung ist immer momenthaft und damit *individuell.* Wie können wir annehmen, dass das, was uns gerade berührt oder schmerzt, andere Menschen ebenso erfahren?

Selbst wenn zwei Menschen denselben Sonnenuntergang betrachten, werden sie ihn nicht auf die gleiche Weise erleben.

So schöpferisch und individuell die Seelenbewegung in Erscheinung tritt, wurzelt sie doch gleichzeitig im Überindividuellen – im Absoluten. In allem Lebendigen gibt es einen *Seelengrund* – das ewige SEIN. Daher sprechen viele Religionen von Seele als dem unsterblichen Teil unseres Seins, unsere Verbindung zum Absoluten, zum Göttlichen. Mit Seele in Kontakt zu sein, bedeutet demnach, mit dem Unsterblichen, Ewigen in Berührung zu sein. In Augenblicken, in denen wir tief inspiriert und beseelt leben, wirkt das Absolute durch unser Leben hindurch.

Somit können wir zwei Perspektiven auf die Seele einnehmen: Entweder wir schauen auf den ewigen, zeitlosen Grund der Seele – die Dimension des Bewusstseins – oder auf den lebendigen, ja sogar schöpferischen Ausdruck der Seele in unserer individuellen, gegenwärtigen Erfahrung. Als Metapher können wir uns eine Wasserfontäne vorstellen: Auch hier können wir auf die schöpferische, sich ständig wandelnde Form der Fontäne schauen oder auf die Grundsubstanz, aus der die Fontäne besteht, nämlich formloses Wasser.

In diesem Sinne ist Seele eine innere Wirklichkeit, die mit unserem Wesen und unserem essentiellen Sein verbunden ist. Sie ist der schöpferische Ausdruck unserer essentiellen, zeitlosen Wahrheit.

Die Praxis der stillen Meditation stimmt uns auf den zeitlosen Urgrund der Seele ein. Sie kann ein Zugang sein zur Dimension einer unbedingten Stille, die sich hier offenbart.

Um uns aber dem lebendigen und schöpferischen Aspekt der Seele zu öffnen und uns damit zu verbinden, brauchen wir eine eigene Praxis, die uns darin bestmöglich unterstützt: die Praxis des inneren Erforschens.

- **Erinnere dich an eine Situation, in der du eine tiefe, seelische Erfahrung gemacht hast: Wie war dein Erleben, dein Tempo? Wo war deine Aufmerksamkeit?**
- **Erinnere dich an eine Situation, in der du vom seelischen Erleben abgetrennt warst: Wie war dein Erleben, dein Tempo? Wo war deine Aufmerksamkeit?**

2 In den Seelengarten gehen

In den folgenden drei Kapiteln werden die drei wesentlichen Schritte der Praxis des inneren Erforschens als ein systematischer Vorgang dargestellt, bei dem ein Aspekt auf den anderen aufbaut. Letztlich ist das innere Erforschen jedoch eine einzige, sich vertiefende Bewegung in unsere Seelenrealität hinein. Wenn wir mit den einzelnen Schritten im Umgang vertraut geworden sind, können wir dem Seelenfluss folgen und es wird sich eine organische Bewegung vollziehen, in der sich die verschiedenen Schritte abwechseln und ergänzen.

Die Seele ist für uns im Alltag, wenn wir im Denken oder Funktionieren gefangen sind, oft nicht zugänglich. Sie erscheint uns dabei wie ein verwunschener Garten, verborgen hinter hohen Hecken und Mauern. Oft erinnern wir uns erst wieder an diese innere Realität, wenn unsere Seele mit schwierigen Gefühlen auf sich aufmerksam machen will, wie beispielsweise durch Niedergeschlagenheit, Unzufriedenheit oder das Gefühl von Sinnlosigkeit. Doch wir müssen nicht warten, bis unsere Seele aus einem Mangel nach Aufmerksamkeit heraus um Hilfe schreit. Wir können auch aktiv und kreativ den Kontakt mit ihr fördern.

Der erste Schritt beim inneren Erforschen besteht darin, mit der Aufmerksamkeit nach innen zu gehen und in Kontakt mit unserem gegenwärtigen Erleben zu kommen. Das ist alles andere als selbstverständlich, da wir im Alltag mit unserer Aufmerksamkeit nach außen gerichtet sind, mit Denken oder Handeln beschäftigt. Bevor wir nicht nach innen gehen, können wir nicht oder nur sehr oberflächlich wissen, was unsere Seele bewegt.

Alles, was zunächst in unserer Wahrnehmung dabei auftaucht, ist nur die „Spitze des Eisberges". Der größte Teil der gegenwärtigen Erfahrung ist uns zunächst nicht zugänglich. Daher genügt es nicht, wahrzunehmen, welche gegenwärtige Erfahrung uns spontan bewusst wird. Erst durch ein bewusstes Anreichern der inneren Erfahrung entsteht ein Zugang zu allen Facetten des Erlebens. Dies geschieht durch ein aktives Wechseln der Wahrnehmungskanäle.

Wir alle haben Lieblingskanäle und sind oft unbewusst darauf fixiert. Das lässt unser Erleben einseitig und stereotyp werden. Erst durch die bewusste Wahrnehmung des Erlebens in den verschiedenen Wahrnehmungskanälen taucht der „Eisberg“ der momentanen Erfahrung aus dem Wasser auf und offenbart sich in seiner Vollständigkeit.

Die 5 **Hauptwahrnehmungskanäle** sind:

Körperempfindungen: Welche Empfindungen habe ich gerade im Körper (z. B. Druck, Weite, Strömen, Kribbeln, Schwere)?

Gibt es im Moment subtile „feinstoffliche“ Empfindungen, die keine normalen grobstofflichen Empfindungen sind (z. B. ein Ausdehnungsgefühl, das über den Körper hinausgeht; ein Schmelzen, das in eine Empfindung von Auflösung führt)?

Körperausdruck: Welche Körperhaltung oder welche Bewegung entspricht gerade meinem seelischen Erleben (z. B. ein kraftvoller Tanz; eine weiche, fließende Bewegung; ein Fest-auf-dem-Boden-verankert-Sein)?

Gefühle: Welches Gefühl, welche Stimmung habe ich im Moment? Hier werden Emotionen genauso wahrgenommen wie Gefühle, die aus dem Einklang mit dem Augenblick entstehen. (Beispiele für Emotionen: sprudelnde Freude, Wut, Traurigkeit) (Beispiele für Gefühle aus dem Einklang: Freiheit, innerer Friede, Gelassenheit)

Klang: Welche Musik, welcher Klang, welches Wort taucht zum gegenwärtigen Erleben auf (z. B. eine freudige Melodie, die Worte: „Sitzen wie ein Berg“)?

Bilder: Welche Bilder oder bildhaften Assoziationen erscheinen in mir (z. B. eine Pyramide, ein Ungeheuer, ein langer ruhiger Fluss)?

3 Dem inneren Ruf folgen

Die Seele ist viel mehr als ein innerer Garten. Sie hat eine schöpferische und lebendige Qualität. Daher trifft es die Sache besser, wenn wir von einem „Seelenfluss“ sprechen. Inneres Erleben ist nicht statisch. Wenn wir das Erleben wirklich zulassen, offenbart sich darin eine lebendige Bewegung, die uns kreativ weiterführt.

Der zweite Schritt des inneren Erforschens besteht darin, uns dafür zu sensibilisieren, welches innere Erleben uns im Augenblick besonders anzieht. Wir folgen dabei nicht unseren Vorstellungen und Erwartungen, sondern lauschen möglichst unvoreingenommen der gegenwärtigen Erfahrung und darauf, welches Erleben eine besonders starke Resonanz und damit ein augenblickliches Interesse in uns erzeugt.

Es ist wie ein innerer Ruf, der sich in jedem Wahrnehmungskanal zeigen kann. Eine bestimmte Empfindung im Körper kann uns genauso magisch anziehen, wie ein inneres Bild oder eine Bewegung, die sich gerade ausdrücken will. Es spielt keine Rolle, ob das Erleben, das uns gerade anzieht, einen angenehmen oder einen unangenehmen Charakter hat. Was immer uns ruft, wir folgen ihm mit unserer Aufmerksamkeit und lassen uns dort nieder.

Dieser Vorgang ist weniger eine aktive Suche nach dem inneren Ruf als vielmehr eine innere Empfänglichkeit für das, was uns im Moment anzieht. Ein Sich-anziehen-Lassen, ein innerer Sog. Wenn wir den Ruf der Seele ernst nehmen und ihm vertrauensvoll folgen, entfaltet sich eine innere Weisheit, die uns tiefer und tiefer ins gegenwärtige Erleben hineinführt. Inneres Erforschen ist aus diesem Grund kein Ausdruck unseres Wollens und unserer Aktivität, sondern ein Ausdruck des Vertrauens und des Sich-führen-Lassens.

- Konkret bedeutet der zweite Schritt des Erforschens, dass wir uns, nachdem wir in die verschiedenen Wahrnehmungskanäle hineingespürt und Kontakt mit unserem inneren Erleben aufgenommen haben, fragen, was unsere Aufmerksamkeit gerade besonders anzieht: Was ruft uns am gegenwärtigen Erleben? Wo zieht es unsere Aufmerksamkeit hin? Was zieht unser Interesse auf sich? In welchem Wahrnehmungskanal entsteht eine starke Resonanz? Was ist es genau, was mich anzieht?

Mit diesen Fragen lauschen wir auf die augenblickliche Führung unserer Seele. Sowie uns bewusst wird, was uns im Moment innerlich ruft, und wir dort mit unserer Aufmerksamkeit hingehen, werden wir entdecken, dass sich dort eine Seelenbewegung verbirgt, die erst durch unsere Aufmerksamkeit sichtbar wird. Entfalten wird sich diese Bewegung aber erst, wenn wir sie im nächsten Schritt des inneren Erforschens tiefer zulassen.

4 In den Fluss springen

Die schöpferische Bewegung unserer Seele können wir erst tiefer erfahren, wenn wir dem inneren Ruf folgen und uns in die darin verborgene Seelenbewegung hineinbegeben. Wir tauchen in den Seelenfluss ein, lassen uns dadurch verändern und tauchen an einer anderen Stelle mit einem anderen Erleben im Alltagsbewusstsein wieder auf. Wenn wir tief in das gegenwärtige Erleben eingetaucht sind, fühlen wir uns auch nach dem Erforschen, wenn wir wieder in die Alltagsrealität zurückgekehrt sind, beseelt und tief in uns verankert.

Der Schlüssel beim 3. Schritt des Erforschens ist das Zulassen der inneren Erfahrung. Ein Erleben zuzulassen bzw. einem Erleben zu folgen, kann auf unterschiedliche Weise geschehen und mit verschiedener Intensität erfahren werden. Um etwas in seiner Vollständigkeit zuzulassen, genügt es nicht, wenn wir z. B. einem Gefühl in uns nur Raum geben. Wir müssen sehr tief in dieses Gefühl hineingehen. Dies ist ein Vorgang wie ein inneres Eintauchen.

Schematisch gibt es 4 Stufen des Zulassens, die leicht verständlich werden, wenn wir die Metapher eines Flusses (entsprechend dem Seelenfluss) benutzen:

- Wir können am Fluss sitzen und zuschauen, wie er vorüberfließt. Wir sind dabei offen und geben dem Erleben Raum. Der Fluss darf da sein und sich natürlich entfalten. (Beispiel: Wir geben einer traurigen Stimmung Raum und verweilen damit.)
- Wir können am Fluss entlang gehen und seinem Lauf folgen. Auch seelisch können wir der inneren Bewegung folgen und uns führen lassen.

Folgen können wir einem Erleben innerlich und äußerlich. (Beispiel: Wir folgen einer Müdigkeit innerlich. Oder wir folgen ihr äußerlich und sinken dabei körperlich zu Boden.)

- Wir können in den Fluss springen und mit dem Fluss schwimmen. Es ist wie ein Eintauchen in das gegenwärtige Erleben. Wir gehen dabei innerlich ganz tief in unsere Erfahrung hinein. (Beispiel: Wir tauchen vollständig in die Erfahrung von Strömen im Körper ein.)
- Wir können nicht nur im Fluss schwimmen, sondern uns sogar so tief hingeben, dass wir selbst zum Fluss werden. Dabei geschieht ein Perspektivenwechsel, bei dem wir das Erleben nicht mehr nur als Objekt wahrnehmen, sondern selbst zum Erleben werden und es als Subjekt erfahren. (Beispiel: Wir lauschen nicht nur auf die innere Weite, die sich so weit wie der Himmel anfühlt, sondern stellen uns vor, diese Weite, dieser Himmel mit unserem ganzen Körper und unserer Seele zu sein.)

Jede Stufe des Zulassens hat ihre Berechtigung und wird unser gegenwärtiges Erleben vertiefen. Wenn wir mit den verschiedenen Arten des Zulassens vertraut sind, werden wir mit der Zeit intuitiv erfassen, welche Art des Zulassens in einer bestimmten Situation die hilfreichste ist.

Die 3 Schritte des inneren Erforschens im Überblick

1. ***In den Seelengarten gehen***
   Die Aufmerksamkeit nach innen auf das gegenwärtige Erleben richten Durch die Wahrnehmungskanäle wandern und die augenblickliche Erfahrung in allen Kanälen erforschen

2. ***Dem inneren Ruf folgen***
   Nach innen lauschen und sich fragen, welche Facette der gegenwärtigen Erfahrung die Aufmerksamkeit anzieht

3. ***In den Fluss springen***
   Das, was mich anzieht, tiefer zulassen und dadurch die Seelenbewegung, die sich hier verbirgt, sich vollständig entfalten lassen

5 Grundhaltung, Ablauf und Wirkung

Grundhaltung

Damit sich die innere schöpferische Seelenbewegung entfalten kann, ist es wichtig, dass das Erforschen von einer offenen, annehmenden Grundhaltung geprägt ist.

Die wichtigsten Aspekte dabei sind:

- Interesse: Unser Erforschen wird erst lebendig, wenn es von echtem Interesse getragen ist. Interesse macht uns wach, ist absichtslos und will die Dinge immer tiefer (von innen her) und genauer kennenlernen. Interesse ist ein Kind des Nicht-Wissens!
- Annahme: Alles darf sein. Alles darf sich innerlich entfalten, auch wenn es im ersten Moment merkwürdig, unverständlich oder destruktiv erscheint.
- Offensein: die Bereitschaft, sich innerlich führen zu lassen und der inneren Bewegung zu folgen. Aber Achtung: Etwas innerlich zuzulassen heißt nicht, es äußerlich auszuagieren!

Der konkrete Ablauf

Bei der klassischen Form des inneren Erforschens als Praxis sitzen sich zwei Menschen gegenüber. Eine Person erforscht 15 Minuten lang ihr inneres Erleben und spricht dabei laut aus, was sie innerlich gegenwärtig erfährt. Die andere Person hört schweigend zu und unterstützt durch ihre Präsenz die erforschende Person. Durch das Feld von Präsenz und

Sicherheit, das durch die zuhörende Person entsteht, wird es für die forschende Person leichter, sich der eigenen Erfahrung zuzuwenden und sich dabei nicht in Gedanken zu verlieren. Nach 15 Minuten kann es eine kurze Phase der Reflexion und des beschreibenden, wertfreien Austausches geben. Dann wechseln die Personen die Rollen.

Natürlich ist es auch möglich, alleine zu forschen, wenn man genügend innere Disziplin, Konzentrationsvermögen und innere Sicherheit hat. Es empfiehlt sich allerdings auch hier als Konzentrationshilfe, die Erfahrungen laut auszusprechen.

Die Wirkung

Wenn wir regelmäßig die Praxis des inneren Erforschens praktizieren, werden sich verschiedene positive Effekte als Früchte für den Alltag bei uns einstellen:

- Unsere innere Durchlässigkeit wird zunehmen. Unsere Selbstgrenzen werden fließender. Wir können immer spielerischer in verschiedenste Seelenbewegungen eintauchen und diese zulassen. Damit nimmt unsere Fähigkeit zu, uns durch das äußere Leben wandeln zu lassen. Offensein ist die große Frucht der spirituellen Praxis.
- Zunehmend wird sich eine seelische Integration einstellen. Durch unsere vermehrte Offenheit müssen wir innerlich immer weniger in den Schattenbereich verbannen und weniger eigene ungeliebte Anteile nach außen projizieren. Entsprechend werden uns unsere Schattenanteile nicht mehr so oft auf eine unangenehme oder bedrohliche Weise einholen können.
- Wir werden feststellen, dass wir vermehrt unserem natürlichen Wesen entsprechend leben können, da wir mehr der inneren Führung vertrauen und sie nicht durch unsere Selbstgrenzen verzerren.
- Nicht zuletzt sind wir durch diese Praxis immer wieder sehr unmittelbar und intensiv mit unserem inneren Lebendigsein in Kontakt. Wir leben im wahrsten Sinnen des Wortes beseelt und empfinden dadurch einen unmittelbaren Sinn im Leben.

Inspirationen für die Praxis des inneren Erforschens

6 Immer wieder bei null beginnen

Inneres Erforschen beginnt mit dem Einnehmen einer Haltung des Nicht-Wissens, einem bewussten Zurücktreten von der Ebene des Denkens, Erklärens und Verstehens. Wie können wir wissen, was in unserer Seele gerade latent schlummert, wenn wir in Gedanken versunken sind? Oder wenn wir innerlich mit anstehenden Erledigungen beschäftigt sind? Bevor wir nicht tatsächlich eintauchen in das augenblickliche Erleben, haben wir bestenfalls eine Ahnung davon, was sich tiefer in unserer Seele gerade regt.

Es ist wie bei einem See. Solange wir nur von oben auf das Wasser schauen, können wir zwar ahnen, was sich unter der Oberfläche abspielt, aber erst, wenn wir bereit sind, in das Wasser einzutauchen, offenbart sich uns die andere, oft überraschende Welt.

Die Bereitschaft, einzutauchen, steht am Beginn des Erforschens. Der Fokus der Aufmerksamkeit wendet sich dabei von außen nach innen, von der Alltagsrealität zur seelischen Realität. In diesem Übergang müssen wir bereit sein, die äußere Realität für eine Zeit loszulassen, um uns der inneren zuzuwenden.

Beim Baden im See legen wir als Übergangsritual unsere Alltagskleidung ab und entkleiden uns vor dem Eintauchen. Auch beim Erforschen geschieht etwas Ähnliches. Wir legen gleichsam all unsere Rollen, unsere Vorstellungen, unser Wissen und unsere Vorlieben ab und lassen uns einen Augenblick innerlich ganz unbedeckt, nackt sein.

Ohne jede Vorstellung, ohne jegliches Wissen zu sein, ist ein Moment der Offenheit, ein Zustand des Nicht-Wissens und des Vertrauens. An diesem Ort spüren wir, dass wir nichts wissen können und auch nichts wissen müssen. Unsere Offenheit, unsere Nacktheit, unser bloßes Sein genügen, um ins Seelische einzutauchen.

Genau genommen ist diese Offenheit sogar Voraussetzung dafür, tiefer in das Erleben eintauchen zu können. Denn wie könnten wir unvoreingenommen mit der Gegenwart in Kontakt kommen, wenn wir bereits klare Vorstellungen haben, was wir spüren sollen? Vorstellungen verschließen uns den Zugang zum seelischen Erleben. Erst die Offenheit des Nicht-Wissens erlaubt uns eine Empfänglichkeit, die für das Erforschen nötig ist.

Im Zen gibt es die Aufforderung: „Immer wieder bei eins beginnen." Sie bezieht sich auf das Zählen der Atemzüge in der Meditation. Hier in der Praxis des inneren Erforschens müsste dieser Leitsatz eigentlich heißen: „Immer wieder bei null beginnen." Sich immer wieder und gerade zu Beginn des Erforschens an den absoluten Nullpunkt erinnern und sich einen Augenblick dort niederlassen.

Vielleicht ist dabei hilfreich, sich für einen Moment innerlich zu sagen: „Ich weiß nichts" oder „Ich brauche nichts zu wissen" oder einfach „Nichts wissen müssen". Was immer uns unterstützt, uns an die Offenheit des Nicht-Wissens zu erinnern, kann hilfreich sein, bevor wir mit der Praxis des Erforschens beginnen.

- **Was kann dich unterstützen, um dich an das Nicht-Wissen zu Beginn des Erforschens zu erinnern?**
- **Wie erfährst du den absoluten Nullpunkt des Nicht-Wissens?**

7 Der rote Faden der Gegenwart

Viele Monate warb ein Liebhaber um eine junge Frau und litt die fürchterliche Qual der Zurückweisung. Schließlich gab die Geliebte nach und sagte: „Komm heute zur Abendstunde zur Bank unter der alten Linde.“

In der Abendstimmung fanden sie sich ein und setzten sich Seite an Seite auf die Bank. Das Licht war golden und der Himmel weit. Da zog der Liebhaber einen Stapel Briefe aus seiner Tasche. Es waren Liebesbriefe, die er in den letzten Monaten geschrieben hatte. Leidenschaftliche Briefe, voll Schmerz und voll brennendem Verlangen nach der Geliebten und nach Vereinigung mit ihr. Er begann sie vorzulesen. Stunde um Stunde verging und er las noch immer. Als die Nacht hereinbrach und er vor lauter Dunkelheit nicht mehr lesen konnte, blickte er auf. Die Bank war leer.

Diese Geschichte ist eine Metapher dafür, wie wir das Leben in der Gegenwart immer wieder verpassen. Die Geliebte steht hier für das Leben. Wie oft verhalten wir uns wie der Liebhaber und vergessen dabei den lebendigen Augenblick und sein Potential?

Wenn uns jemand danach fragt, wer wir sind, erzählen wir aus unserer Geschichte. Werden wir gefragt, wie es uns geht, berichten wir, was wir Tage zuvor erlebt haben. Auch beim inneren Erforschen gibt es immer wieder die Neigung, von Vergangenem zu erzählen und dadurch in der Vergangenheit hängen zu bleiben. Das augenblickliche Potential unserer Seele, das aktuelle innere Erleben, verlieren wir dabei aus dem Blick. Besonders gravierend wird diese Dynamik, wenn eine Person etwas erzählt, was längst vorüber ist, sie sich gleichzeitig jetzt aber ganz anders fühlt.

Natürlich kann es auch sinnvoll sein, die Aufmerksamkeit noch einmal Vergangenem zuzuwenden:

- Wenn eine vergangene Erfahrung noch unverdaut in uns gärt und noch immer in uns unterschwellig wirkt, kann das Zulassen und Erforschen zu einer seelischen Integration führen.
- Auch bei einer alten Verletzung kann es wichtig sein, das vergangene Erleben zu würdigen, damit es integriert werden kann.

Oft ist es einfach nur eine Gewohnheit, die uns immer wieder von längst Vergangenem sprechen lässt. Wie ein Sog ziehen uns alte Gefühle an und die alten Geschichten werden immer und immer wieder aufgewärmt. Wir sind förmlich verliebt in unsere Geschichte. Wir aktualisieren dabei unbewusst den alten Schmerz immer wieder aufs Neue. Wir sind verhaftet (=identifiziert) mit den vergangenen Geschichten und Gefühlen.

Dabei haben wir jederzeit die Möglichkeit, unsere Aufmerksamkeit auf den jetzigen Moment auszurichten. Das braucht oft eine bewusste Erinnerung und eine aktive Entscheidung. Inneres Erforschen und die Meditation erinnern uns daran. Wir verinnerlichen durch diese Praxisformen ein Leben in der Gegenwart.

Inneres Erforschen lebt von der Gegenwart. Und diese kennen wir nicht, bevor wir sie nicht erforschen. Gegenwart zeigt sich immer nur jetzt – durch das Gegenwärtigsein, indem wir nach innen lauschen, wahrnehmen und eintauchen. Die Gegenwart ist beim Erforschen der rote Faden, der uns führt.

Aus der Identifizierung mit alten Geschichten und Problemen finden wir nur heraus, indem wir die Ebene wechseln – von der Alltagsrealität in die Seelenrealität, von vergangenem, sogenanntem „sekundären“ Erleben zu gegenwärtigem, sogenanntem „primären“, originären Erleben. Wenn wir der gegenwärtigen Lebendigkeit Raum geben und uns innerlich einlassen, taucht die natürliche Wesensqualität auf, die wir jetzt zu unserer Gesundung brauchen!

Reflektiere nach dem Erforschen:

- **War es mir möglich, dem Faden des gegenwärtigen Erlebens zu folgen?**

8 Erklären und Erforschen

Grundlegend für das innere Erforschen ist zu verstehen, dass es einen Unterschied zwischen Erklären und Erforschen einer gegenwärtigen Erfahrung gibt. Etwas zu erklären führt uns aus der gegenwärtigen Erfahrung hinaus in den Bereich von Verstand, Deutung, Konzepten und alter Erfahrung. Dagegen tauchen wir beim Erforschen mit allen Sinnen immer tiefer in die gegenwärtige Erfahrung hinein.

Wenn wir erforschen und dabei unsere gegenwärtige Erfahrung laut beschreiben, dient das Beschreiben nicht dazu, unsere Erfahrung zu erklären oder gar zu deuten, sondern hilft uns, ganz unmittelbar mit der gegenwärtigen Erfahrung in Kontakt zu bleiben und sie immer genauer zu differenzieren. Wir sprechen dabei nicht über eine Erfahrung, sondern aus dem unmittelbaren Kontakt mit der Erfahrung heraus.

Dabei kann es hilfreich sein, die Augen zu schließen. Dies ist aber nicht zwingend notwendig. Auch mit offenen Augen können wir erforschen und umgekehrt, auch mit geschlossenen Augen kann es passieren, dass wir nicht wirklich in Kontakt sind.

Viele Menschen neigen beim inneren Erforschen dazu, immer wieder ins Erklären und Deuten abzuschweifen. Da erforscht eine Person beispielsweise ein zartes Strömen im Körper. Dabei bleibt sie aber nicht bei der unmittelbaren Beschreibung, sondern beginnt dem Zuhörer zu erklären, warum sie die ihr ungewöhnlich erscheinende Empfindung hat. Doch während die Person spricht und erklärt, spürt sie die Empfindung nicht mehr. Sie hat den Gegenwartsfluss aus dem Blick verloren.

Es gibt verschiedene Gründe, warum Forschende immer wieder die Gegenwart verlassen und ins Erklären übergehen:

- Manche sehnen sich grundsätzlich danach, von anderen Menschen verstanden zu werden. Sie denken, laut auszusprechen, was sie erfahren, habe den Sinn, dass sie der Zuhörende versteht. Aber wir sprechen unsere Erfahrung nicht laut aus, um vom Gegenüber verstanden zu werden, sondern als Konzentrations- und Differenzierungshilfe für uns selbst.
- Manches Erleben beim Erforschen erscheint uns verwerflich oder mehrdeutig und wir befürchten, ohne Erklärung verurteilt oder missverstanden zu werden.
- Und schließlich suchen wir oft nach Erklärungen, da wir uns selbst verstehen wollen. Wir haben die Gewohnheit, für alles Erklärungen zu suchen. Wir wollen den Dingen eine Bedeutung geben und sehnen uns danach, eine Berechtigung für unser Erleben zu bekommen. Wir denken: „Wenn es gute Gründe dafür gibt, darf es auch so sein." Aber Erklärungen führen nicht zu wirklichem Verstehen im Sinne von Einsicht. Einsicht entsteht spontan durch Innenschau.

Immer wenn wir etwas erklären, gehen wir im selben Augenblick aus dem Kontakt mit dem Unmittelbaren. Kontakt und Erklären sind zwei verschiedene Welten. Das eine führt uns in die seelische Realität, das andere in die Alltagsrealität unseres Verstandes. Wenn wir in der Gegenwart leben wollen, müssen wir diesen Unterschied begreifen, sowohl beim achtsamen Erforschen als auch im Kontakt mit anderen Menschen. Spüre ich das, was da ist? Bin ich damit in Kontakt? Oder erkläre ich das, was da ist, durch meine Geschichte, durch systemische Zusammenhänge oder durch eine wie auch immer geartete Weltanschauung?

Beim Erforschen genau beobachten und danach reflektieren:

- **Erkläre und deute ich die augenblickliche Erfahrung oder bin ich tatsächlich unmittelbar in Kontakt und spreche aus der gegenwärtigen Erfahrung heraus?**

9 Sich der inneren Führung überlassen

Manchmal denken wir, inneres Erforschen unserer Seelenlandschaften sei eine Art Tun. Aber es ist genauso wenig ein Tun wie die stille Meditation. In beiden Fällen ist der Ausgangspunkt das Nicht-Wissen. Wir brauchen nicht zu wissen, was geschehen wird und wir können es auch nicht im Voraus wissen. Es genügt, da zu sein, aufmerksam zu sein und sich zu überlassen. Sich-Überlassen ist kein Tun. Es ist ein Nicht-Tun, eine Hingabe.

Der beste Führer ist der, der folgen kann.

LAOTSE

Wenn wir das verinnerlicht haben, brauchen wir keine Angst vor dem Erforschen zu haben. Es gibt keine richtige oder falsche Erfahrung und kein „es richtig machen". Inneres Erforschen ist dann genauso wie die stille Meditation ein Ort, an dem wir sein können, wie wir sind, und uns dem Augenblick hingeben.

In dieser Grundhaltung des Nicht-Tuns bemerken wir schnell, dass wir von unserer Seele geführt werden. Der innere Fluss des Erlebens führt uns in einen tieferen Kontakt und zu einer inneren Integration. Letztlich tauchen genau die essentiellen Erfahrungen auf, die wir für unsere Heilung im Moment brauchen. Wenn wir das immer wieder erfahren, lernen wir mehr und mehr, der Gegenwart zu vertrauen.

Im Grunde findet diese innere Führung nicht nur beim inneren Erforschen statt, sondern auch in unserem Leben. Durch die Praxis des inneren Erforschens wird das sehr offensichtlich und spürbar. So können wir die Haltung des Vertrauens auf die innere Führung verinnerlichen.

Konkret folgen wir der inneren Führung, wenn wir nach innen gehen und Kontakt mit dem augenblicklichen Erleben aufnehmen und uns dann fragen:

- Was zieht meine Aufmerksamkeit gerade an?
- Was will ich an meiner gegenwärtigen Erfahrung tiefer erfahren oder tiefer verstehen?
- Wo und wie verdichtet sich das Erleben?
- Wodurch werde ich gerufen?

Diesem inneren Ruf folgen wir mit unserer Aufmerksamkeit und vertiefen das Erleben, indem wir so der Prozessbewegung folgen.

Reflektiere nach dem Erforschen:

- **Wie führt dich deine Seele?**

10 Das Wesen nähren

Ein besonderer Bereich, den wir durch die Praxis des inneren Erforschens entdecken und zur Entfaltung bringen können, ist unser Wesen.

Das Wesen ist unsere natürliche Lebendigkeit jenseits der Verdrehungen unseres Egos, jenseits unserer Selbstbilder und Selbstgrenzen. Jeder Mensch trägt eigene individuelle Facetten von Lebendigkeit in sich. Diese drängen nach Entfaltung jenseits von gesellschaftlichen Normen und jenseits der Vernunft.

Um mit einer Metapher zu sprechen: Alle Bäume haben Wurzeln, Stamm, Rinde, Äste, Blätter und Früchte. Das Wesen einer Birke ist jedoch ganz anders als das einer Eiche. Und die Früchte eines Apfelbaumes sind ganz anders als die eines Birnbaumes.

Wenn wir mit unserem Wesen in Kontakt sind und ihm in unserem Leben folgen, fühlen wir eine natürliche Lebendigkeit und eine innere Erfüllung. Es entsteht das Gefühl von Sinnhaftigkeit.

Um unserem Wesen beim Erforschen zu begegnen, müssen wir den Fokus unserer Aufmerksamkeit bewusst auf diejenigen Bereiche unserer gegenwärtigen Erfahrung richten, die uns spürbar guttun, die uns berühren und unser Herz öffnen. Kommt unsere Seele mit unserem Wesen in Einklang, merken wir das an einer Herzensöffnung: Wir sind berührt durch das, was sich zeigt, oder wir spüren ein tiefes Mitgefühl. Es kann auch sein, dass wir ein starkes Herzensinteresse spüren, das uns öffnet und ganz natürlich konzentriert sein lässt.

Immer wenn wir die Aufmerksamkeit beim inneren Erforschen auf etwas richten, das eine Resonanz in unserem Herzen erzeugt, um dann tiefer in diese Erfahrung einzutauchen, wird sich eine Facette unseres Wesens in unserer Seele zeigen.

Eine andere Möglichkeit, mit unserem Wesen in Kontakt zu kommen, ist, unsere Sehnsucht ernst zu nehmen und ihr nachzuspüren. Jede Sehnsucht ist ein Lockruf unseres Wesens. Etwas in uns will sich entfalten. Wenn wir der Sehnsucht tief nach innen folgen, wird sich am Grund dieser Sehnsucht eine Wesensqualität offenbaren, denn das Wesen ist zu jeder Zeit und vollständig in unserer Seele vorhanden.

Jede Sehnsucht kennt bereits ihre Erfüllung, sonst könnten wir uns gar nicht danach sehnen. Wir dürfen nur nicht den Fehler machen, zu denken, dass wir mit unserer Sehnsucht etwas Äußeres suchen oder dass sie sich sowieso nicht erfüllen kann. Jede Sehnsucht kann sich erfüllen, da das innere Potential, das wir suchen, immer in unserer Seele vorhanden ist, unabhängig von den äußeren Umständen.

Inneres Erforschen kann uns helfen, unser Wesen mit unserer Aufmerksamkeit zu nähren. Denn die zentrale Nahrung für alles, was sich in unserer Seele entfalten will, ist Aufmerksamkeit.

- **Mit der Aufmerksamkeit nach innen gehen und sich fragen: Was liebe ich, was berührt mich oder was finde ich schön an meiner gegenwärtigen Erfahrung? Was öffnet mein Herz?**
- **Nach innen gehen und die aktuelle Sehnsucht tiefer erforschen.**

11 Den Schatten erkunden

In jedem großen Garten gibt es verschiedene Bereiche. Orte, die wir lieben und an denen wir uns erfreuen. Orte, die uns gerade heute besonders ins Auge fallen und uns anziehen. Aber auch Orte, die uns unangenehm sind, die wir lieber ausblenden oder verstecken würden. Da gibt es Unkraut, Unordnung oder auch Komposthaufen. Oft werden diese uns unangenehmen Stellen hinter hohen Hecken versteckt und modern dort vor sich hin.

Auch unsere Seelenlandschaft kennt diese verschiedenen Bereiche und wir haben die Möglichkeit, unsere Aufmerksamkeit zu nutzen, diese unterschiedlichen Orte unseres inneren Gartens zu erkunden. Besonders spannend ist es, Schattenbereiche aktiv aufzusuchen und sie zu integrieren. Schattenbereiche sind Bereiche, zu denen das Licht unserer Bewusstheit nicht vordringt. Wir lehnen diese in der Regel ab und verstecken sie vor uns selbst und vor anderen. Gleichzeitig projizieren wir diese Aspekte meist auf andere Menschen. Entsprechend erscheinen uns Personen, die diese Schattenanteile verkörpern, als unangenehm und nicht selten auch als bedrohlich.

Doch auch in Schattenanteilen stecken Potentiale, sogar höchst lebendige, essentielle Potentiale, die wir nicht erkennen und integrieren können, solange wir ihnen mit Ablehnung begegnen, sie meiden oder beiseiteschieben.

Wenn wir uns beim inneren Erforschen diesen Anteilen widmen wollen, müssen wir uns fragen:

- Was erscheint mir am augenblicklichen Erleben unangenehm, fremd, unvertraut, verrückt oder sogar verboten?

Schattenanteile werden ausgegrenzt, da sie außerhalb unseres Selbstbildes und damit außerhalb unserer Identität liegen. Sie wirken bedrohlich, denn sie bedrohen unser Bild von uns selbst. Wenn wir diese aber Schritt für Schritt integrieren, werden wir in unserer Identität weiter und offener. Es entsteht eine Durchlässigkeit, bei der wir unsere eigenen ungeliebten Anteile nicht mehr auf andere projizieren müssen. Das fördert den Frieden in uns selbst und in unseren Beziehungen.

Die Voraussetzung zum Erforschen von ungeliebten inneren Anteilen ist, dass wir eine annehmende und interessierte Haltung einnehmen, denn sonst werden wir nicht sehen können, welche Qualität sich in ihnen verbirgt.

Manchmal ist etwas von vornherein so negativ besetzt, dass es uns nur schwer gelingt, es unvoreingenommen zu betrachten. Hilfreich kann dann sein, wenn wir die negative Bewertung bewusst beiseitelegen und zunächst nur die Energie darin erforschen. Zum Beispiel mag uns Wut destruktiv und kindisch erscheinen, aber wenn wir die Energie in dieser Emotion erforschen, ist sie vielleicht pures Feuer, das in einem Vulkan lodert. Erst hier kommen wir mit der essentiellen Lebendigkeit unter dem Etikett „destruktive Wut“ in Kontakt.

Gerade bei der Schattenarbeit und der Rücknahme von Projektionen ist die Technik des Subjekt-Objekt-Perspektivenwechsels entscheidend. Wenn wir eine Eigenschaft bei jemand anderem ablehnen, müssen wir in den Schattenanteil hineinschlüpfen und ihn von innen her, als Subjekt („Ich bin das“), erforschen. Die Dinge sehen von außen ganz anders aus als von innen und das ist besonders bei den Schattenanteilen so!

- **Was erscheint mir unangenehm, fremd, unvertraut, verrückt oder verboten? Lass eine Erfahrung dazu auftauchen und frage dich, was es genau ist, das du ablehnst. Nimm jetzt einen Subjekt-Objekt-Perspektivenwechsel vor und erforsche (annehmend und interessiert) dieses Erleben und die Energie darin, bis du auch die Qualität darin erkennen kannst.**
- **Reflektiere nach einer Schattenarbeit: Wie kann ich sein/vollständiger sein, wenn ich so auch sein darf?**

12 Nicht fixiert sein

Immer wieder beobachte ich, dass die meisten Menschen beim inneren Erforschen Vorlieben im Hinblick auf die Wahrnehmungskanäle haben, das heißt, ihre Aufmerksamkeit ist auf bestimmte Kanäle fixiert und dabei werden andere Wahrnehmungskanäle ausgeblendet.

Manche widmen sich bevorzugt den Körperempfindungen. Das hat den Vorteil, dass man beim Erforschen sehr gegenwärtig ist. Wenn aber andere Kanäle, wie zum Beispiel der Körperausdruck oder der visuelle Kanal, nicht zusätzlich berücksichtigt werden, wird der größere Zusammenhang des Erlebten oft nicht deutlich.

Andere wiederum sind fixiert auf den Bildkanal und erleben dort eine visuelle Reise, eine Flut von Bildern, die ohne große innere Beteiligung vor ihrem geistigen Auge abläuft. Wenn hier nicht gegenwärtige Kanäle wie Empfindungen oder Gefühle hinzugenommen werden, bleibt die Bilderflut wie ein Kinobesuch ohne tiefer gehende nachhaltige Wirkung.

In einem Lieblingskanal fixiert zu sein, ist, als ob wir den Seelengarten immer nur aus einer einzigen Perspektive betrachten würden. Das ist eindimensional und engt den Blick ein. Wie bei einem echten großen Garten ergeben sich erst dann überraschend neue Perspektiven, wenn wir alle unsere Sinne wandern lassen und so verschiedene Blickrichtungen einnehmen.

Erst wenn wir die Wahrnehmungskanäle wechseln und andere Kanäle hinzunehmen, wird unsere seelische Erfahrung vollständiger, reicher und tiefer. Außerdem können sich gerade beim Wechseln der Kanäle tiefere Einsichten ergeben, die sonst verborgen bleiben.

Insofern ist es wichtig, klar zu erkennen, welches unser Lieblingskanal ist, um uns der Gefahr der eigenen Eindimensionalität bewusst zu sein. Außerdem tun wir gut daran, mit allen Kanälen spielerisch vertraut zu werden und beim Erforschen als Faustregel immer mindestens drei Wahrnehmungskanäle bewusst zu machen.

Für eine gewisse Zeit lang kann es daher hilfreich sein, ganz systematisch durch alle fünf Kanäle hin und her zu wandern bis sich alle gleich vertraut anfühlen. Hier noch einmal zur Erinnerung die fünf verschiedenen Wahrnehmungskanäle:

- Körperempfindungen und energetische, feinstoffliche Empfindungen
- Körperausdruck: Körperhaltung und Bewegung
- Gefühle, Stimmung, Atmosphäre
- Klang, Musik, Worte
- Bilder

- **Experimentiere mit dem systematischen Wechseln der Wahrnehmungskanäle.**
- **Mach dir zur Regel, jedes Erleben in mindestens drei Wahrnehmungskanälen zu erforschen.**
- **Reflektiere nach dem Erforschen: Welche Wahrnehmungskanäle habe ich benutzt? Welche haben gefehlt? Ist das typisch?**

13 Die Seele kennt kein Innen

Durch die Praxis des inneren Erforschens tauchen wir in unsere innere subjektive Erfahrung ein. Wir suchen gleichsam eine innere Welt auf, die Welt unserer Seele. Aus diesem Grund entsteht für viele Menschen die Vorstellung, dass dabei unsere Aufmerksamkeit immer nach innen gerichtet sein muss. Also setzen sie sich hin, schließen ihre Augen und gehen mit ihrer Aufmerksamkeit nach innen.

Beim Erforschen die Augen zu schließen, kann jedoch zu einem Automatismus werden, der uns wichtige Erfahrungen und Begegnungen versäumen lässt. Betrachten wir die Wahrnehmungskanäle genauer, wird ganz klar, dass alle Wahrnehmungskanäle nach innen *und* nach außen gerichtet sind:

- Es gibt innere Bilder und ein äußeres Sehen.
- Man kann Klänge innerlich und äußerlich hören.
- Es gibt ein Spüren von inneren Empfindungen und ein äußeres Tastempfinden.
- Es gibt einen Körperausdruck, der von innen kommt, oder wir sehen die Bewegung eines Menschen, der sich auf eine besondere Weise bewegt.
- Es gibt eigene Gefühle und Stimmungen und äußere Atmosphären und Stimmungen, die zum Beispiel bei einer Veranstaltung im Raum herrschen.

Normalerweise gehen wir von der Annahme aus, dass unsere äußere Wahrnehmung, wie z. B. das Sehen, nichts mit unserer Innenwelt zu tun hat, sondern eine objektive äußere und unabhängige Welt abbildet. Das ist jedoch ein Irrtum. In Wirklichkeit gibt es keine objektive Welt. Jede Wahrnehmung ist eine Konstruktion unseres Geistes und daher letztlich mit einer subjektiven Färbung versehen. Wenn wir daher etwas scheinbar

Äußeres, wie z. B. eine Wolkenformation, erforschen, dann erforschen wir dabei nicht wirklich eine objektive Wolkenformation, sondern unsere subjektive Erfahrung dieser Erscheinung.

Aus diesem Grund kann jede innere oder äußere Erfahrung Ausgangspunkt einer Forschungsreise sein, denn die Seele kennt kein Innen und kein Außen. Alle inneren und äußeren Erfahrungen können uns berühren. Alles kann in unserer Seele eine Resonanz erzeugen und spätestens dann lohnt es sich besonders, dieses Erleben durch unser Erforschen tiefer anzureichern und zu untersuchen:

- Da ist eine Person berührt von der Anmut eines Blumengestecks und das Erforschen führt sie in einen Zustand der inneren Balance.
- Oder eine andere Person ist vom düsteren, schlechten Wetter beeindruckt, nimmt dies als Eingangstor zum Erforschen und erfährt dabei gewaltige Energien und eine innere Macht, die sie sonst abwehrt.

Grundsätzlich kann es hilfreich sein, die Augen beim inneren Erforschen zu schließen. Dies fördert unsere Sammlung und die Möglichkeit, mit dem inneren Erleben in Kontakt zu bleiben. Das Schließen der Augen kann ein Schutz und eine Konzentrationshilfe sein. Es kann aber auch zu einer Konditionierung werden, als könne es nur tieferen Kontakt geben, wenn die Sinnestore verschlossen sind. Daher ist es wichtig und lohnend, immer wieder auch mit offenen Augen zu forschen. Das fördert unsere Fähigkeit, mit dem inneren Erleben in Kontakt und gleichzeitig in der Welt zu sein. Mit offenen Augen zu forschen, fühlt sich vielleicht schutzloser und zunächst ungewohnt an, aber dafür auch bezogener.

Letztlich ist es ein großer Reifeschritt, zu wagen, mit unserem Erleben in der Welt und in Beziehung zu sein. Mit dem inneren und dem äußeren Erleben in Kontakt zu sein, bedeutet, das Wagnis einzugehen, sich authentisch zu zeigen.

- **Als Ausgangspunkt durch den Raum oder die Natur gehen und darauf achten, was eine Resonanz in mir erzeugt und dort ins Erforschen gehen.**
- **Immer wieder auch mit offenen Augen erforschen.**

14 Die Kunst, die Perspektive zu wechseln

Eine grundlegende Möglichkeit, die unser Erforschen sehr bereichern kann, ist der Subjekt-Objekt-Perspektivenwechsel. In bestimmten Situationen entstehen dadurch völlig neue Wendungen im inneren Erleben, die uns weiterführen und uns tiefe Einsichten bescheren können.

Subjekt-Objekt-Perspektivenwechsel bedeutet, dass ich mich in das Objekt meiner Erforschung möglichst real hineinbegebe und mir vorstelle, dieses Objekt, was immer es ist, von innen her mit meinem ganzen Körper und meiner ganzen Seele zu sein.

Gerade wenn wir einem äußeren Objekt begegnen, welches eine starke Resonanz in uns bewirkt, ist es meist nicht genug, nur die Wirkung auf uns zu erforschen. Häufig offenbart sich uns die eigentliche Qualität, die uns berührt, erst, wenn wir die Perspektive wechseln und uns bewusst in das Objekt hineinversetzen.

Wir sehen zum Beispiel ein Kunstwerk in einer Galerie, das uns fasziniert, oder wir sind berührt von der Atmosphäre einer Morgenstimmung. Wir sehen einen Mann, der in seinem Gang etwas hat, was uns fremd ist, oder wir hören eine Melodie, die uns nicht mehr loslässt. Bei all diesen Beispielen ist ein Perspektivenwechsel möglich und zugleich fruchtbarer Ausgangspunkt für eine intensive Erforschungsarbeit.

Doch nicht nur bei äußeren Objekten sollten wir an die Möglichkeit des Perspektivenwechselns denken. Auch bei inneren Objekten kann ein Subjekt-Objekt-Perspektivenwechsel bereichernd sein:

- Bei Schattenanteilen ist es die zentrale Technik, um die jeweilige Qualität, die sich im Schatten verbirgt, zu entdecken und zu integrieren.
- Auch bei der Arbeit mit nächtlichen Träumen kann man grundsätzlich den Perspektivenwechsel anwenden. Träume entschlüsseln sich ganz anders, wenn wir in wesentliche Traumelemente hineinschlüpfen und sie so von innen her, aus der Perspektive des Subjektes erforschen.
- Genauso bei Körperstellen, die unsere Aufmerksamkeit stark anziehen. Wir fühlen z. B. einen Kloß im Hals oder ein Strömungsgefühl im Bein. Auch hier würde ein Perspektivenwechsel das innere Erforschen noch mal wesentlich verändern und intensivieren.

Für dieses Vorgehen stellen wir uns als Ausgangsfrage: „Was genau ist es, das in mir eine positive oder negative Resonanz erzeugt?“ Denn die Resonanz wird selten durch das Objekt als Ganzes ausgelöst. Meist ist es eher ein ganz bestimmter Aspekt davon: die Zartheit einer Melodie, die Strenge im Gang eines Menschen oder die Tiefe einer Farbe. Erst wenn uns bewusst wird, was genau der Auslöser ist, kann sich durch einen Subjekt-Objekt-Perspektivenwechsel eine neue und überraschende Welt auftun.

- **Durch die Natur gehen und darauf achten, was eine Resonanz in mir erzeugt.**
- **Menschen auftauchen lassen, die eine starke positive oder negative Resonanz in mir bewirken.**
- **Einen Traum beschreiben und darauf achten, welches Element in mir am meisten Resonanz erzeugt.**
- **Den Körper durchgehen: Welche Stelle zieht mich besonders an?**

Sich in all diesen Fällen fragen: „Was ist es genau, das die Resonanz erzeugt?“ – dann einen Subjekt-Objekt-Perspektivenwechsel vornehmen und ins Erforschen gehen.

15 Die Ausgleichsbewegungen der Seele

Inneres Erforschen ist ein Prozess des Nicht-Tuns. Wir lauschen darauf, was ist und folgen dem Lebendigen darin – der Prozessbewegung. Das erfordert, dass wir alle Vorstellungen darüber, wo es hingehen soll, und alles Tun beiseitestellen. Die Haltung des Erforschens ist ein Zulassen, eine Hingabe an das Jetzt. Wir folgen dem inneren Fluss und wenn uns dies gelingt, sind wir im Einklang.

Im Einklang sein bedeutet, eine innere Balance in der jeweiligen Lebenssituation gefunden zu haben. Es geht hier aber nicht um eine statische Balance, um einen Ruhepunkt des völligen Ausgleichs. Vielmehr handelt es sich hier beim Erforschen der Seele um eine lebendige Balance. Denn auch unsere Seele ist lebendig wie ein immer fließendes Gewässer.

Wenn wir auf einem Fluss Kajak fahren, dann sind wir in Balance, wenn wir uns unentwegt an die sich ständig verändernden Bewegungen des Flusses anpassen und sie ausgleichen. Wir sitzen nicht bewegungslos im Boot und lassen uns treiben, sonst würden wir bei der ersten Stromschnelle umkippen.

Mit unserem Seelenfluss verhält es sich nicht anders. Balance ist auch hier die Kunst, die vielen kleinen und großen Ausgleichsbewegungen unserer Seele mit zu vollziehen. Erst dann leben wir eine lebendige Balance, denn diese ist ein Tanz um die Mitte.

Wir kennen das bei körperlichen Vorgängen: In unserem Körper gibt es viele Regelkreisläufe, die nach diesem Prinzip funktionieren – zum Beispiel unser Blutzucker oder unser Hormonsystem. Auch der Schlaf-Wach-Rhythmus ist ein typisches Beispiel.

Genauso vollzieht unsere Seele permanent sehr feine Ausgleichsbewegungen: Wenn wir uns zu sehr im Kontakt verausgabt haben, werden wir müde und wollen uns zurückziehen. Wenn wir verletzt sind, weinen wir und finden dadurch wieder zu uns selbst. Wenn wir innerlich längere Zeit sehr alleine sind, sehnen wir uns nach Kontakt. Wenn wir Freude empfinden, versprühen wir zunächst Lebensfreude, um dann wieder stiller zu werden und mehr nach innen zu gehen.

Erforschen heißt, den Ausgleichsbewegungen unserer Seele zu vertrauen, auch wenn wir sie nicht verstehen können oder sie für seltsam oder falsch halten. Wir folgen den inneren Kräften, geben ihnen Raum, damit sie sich auszudrücken können, und entdecken dabei, dass wir in Balance kommen – durch das Nicht-Tun.

- **Wie bestimmen Ausgleichsbewegungen dein Leben?**
- **Welche natürlichen Ausgleichsbewegungen lässt du nicht zu?**

16 Bewusstsein und Potentialität

Was ist wirklich?

Wir beginnen beim Erforschen in einem bestimmten Seelenzustand, tauchen dann in die Tiefe und sind danach überraschenderweise in einem ganz anderen, neuen Zustand. Hier erfahren wir die Welt in einem völlig anderen Licht als zu Beginn.

Auch dieses neue Erleben muss vorher schon latent dagewesen sein, damit es überhaupt auftauchen kann. Aber solange wir mit unserer Aufmerksamkeit nicht in diesen Bereich eintauchen, bleibt er für uns verborgen und hat keine Wirkung auf uns. Wenn wir jedoch die Aufmerksamkeit durch das Erforschen dorthin lenken, taucht der neue Zustand auf und entfaltet seine Wirkung.

Alle unsere Seelenbereiche – Mangel, Schmerz, Wunden, Ängste, aber auch Lebendigkeit, Offenheit, Weite und die Stille des Bewusstseins – sind potentiell immer in unserer Seele abrufbereit. Alle Höhen und alle Abgründe unserer Seele schlummern latent in uns. Die Frage ist lediglich, wo sich unsere Aufmerksamkeit bewusst oder unbewusst hinwendet. Denn nur dies wird tiefer erfahren und entfaltet seine Wirkung. Es wird für uns zur Wirklichkeit, weil es wirkt.

Wenn unsere Aufmerksamkeit auf einen Schmerz oder auf die Angst fixiert ist, in was für einer Welt leben wir dann? Wenn unsere Aufmerksamkeit dagegen fest im Vertrauen verankert ist, in welcher Welt leben wir dann?

Der Dreh- und Angelpunkt für die Welt, in der wir leben, ist also das Bewusstsein. Wohin richtet sich der Fokus unseres Bewusstseins, so lautet die zentrale Frage. Ist das Bewusstsein auf bestimmte Bereiche fixiert? Haben wir die Möglichkeit, Fixierungen zu verlassen, vielleicht sogar spielerisch verschiedene Perspektiven einzunehmen? Mit jeder Perspektive wird ein neues Erleben – eine neue Welt – auftauchen.

Vielleicht können wir dabei mit der Zeit immer besser empfinden, dass Wirklichkeit keine feststehende Größe ist und wir selbst auch nicht. Wirklichkeit ist vielmehr Potentialität und erst durch das Bewusstsein tritt sie in einer bestimmten Form in Erscheinung, je nachdem, welche Perspektive wir gerade einnehmen.

Es braucht sehr lange, die Bedeutung dessen tiefer zu erfassen, und noch länger, das Bewusstsein kreativ zu nutzen. Letztlich ist jede Praxis auch eine Schulung des Bewusstseins. Wir lernen zu erfassen, welche zentrale Bedeutung das Bewusstsein für unser Leben und unser Erleben einnimmt, und wir gewinnen die Fähigkeit, Perspektiven zu wechseln.

Aus dieser Sicht bedeutet Freiheit, nicht fixiert zu sein und damit die Möglichkeit zu haben, Realitätsebenen zu wechseln. Es bedeutet auch, dass unsere starre Identität immer offener, fließender und flexibler wird und wir uns daher immer besser dem Fluss des Lebens hingeben können.

- **Experimentiere mit unterschiedlichen Perspektiven beim Erforschen!**
- **Wechsle die Perspektiven zwischen gegenwärtiger Führung, Schatten und Wesen (Abschnitt 6 – 8): Wie ändert sich dadurch dein Erleben?**
- **Reflektiere nach dem Erforschen:**
- **Taucht beim Erforschen immer wieder das gleiche Erleben auf? In welcher Perspektive ist mein Bewusstsein fixiert?**
- **In welcher Perspektive bin ich in meinem alltäglichen Leben fixiert?**

17 Sich Aufmerksamkeit schenken

Wie oft sehnen wir uns in unserem Leben nach echter Aufmerksamkeit? Wie oft suchen und kämpfen wir um die Aufmerksamkeit in Beziehungen? Und wie geht es uns, wenn wir spüren, dass wir in einem Gespräch kein wirkliches Interesse geschenkt bekommen?

Aufmerksamkeit ist Nahrung für unsere Seele. Sie ist genauso elementar wie Sauerstoff, Essen und Trinken für unseren Körper. Wir wissen aus der psychologischen Forschung, dass Babys, die keine Aufmerksamkeit bekommen, seelisch regelrecht verhungern und sich dadurch auch körperlich nur schlecht entwickeln.

Ohne positive Bestätigung durch eine liebevolle Aufmerksamkeit kann sich kein gesundes Selbstwertgefühl entwickeln und wir werden zeitlebens auf äußere Anerkennung angewiesen sein. Aber auch alle anderen seelischen Potentiale, die in uns schlummern, können sich nur entfalten, wenn sie eine positive Spiegelung erfahren.

Was für die kindliche Seele elementar ist, gilt auch für die erwachsene Seele. Was geschieht, wenn wir spüren, dass uns jemand echte, interessierte und liebevolle Aufmerksamkeit schenkt? Sofort werden wir lebendiger und freudiger. Es ist, als ob uns eine unsichtbare Energie zufließt, die uns belebt und gleichzeitig vermittelt, dass wir in unserer Ganzheit als Mensch liebenswert sind. Gleichzeitig spüren wir uns besser, der Selbstkontakt vertieft sich. Aus einer solchen Begegnung werden wir gestärkt und genährt hervorgehen, wie nach einer guten Mahlzeit.

Wenn unsere Seele längere Zeit keine echte Zuwendung bekommt, dann leidet sie Hunger und wird sich durch Symptome bemerkbar machen. Vielleicht fühlen wir uns dann unzufrieden oder verloren, vielleicht spüren wir Unlust oder einen unbestimmten Ärger auf alles. Wie ein kleines Kind, das längere Zeit keine Aufmerksamkeit bekommt, wird unsere Seele sich melden, strampeln und schreien, bis sie wieder Zuwendung bekommt.

Was können wir tun, um uns fürsorglich um die Bedürfnisse unserer Seele zu kümmern? Manche Menschen warten und hoffen, dass irgendjemand kommt, der ihnen Aufmerksamkeit schenkt. Das kann lange dauern. Manche setzen alles daran, die Aufmerksamkeit der anderen durch eine besondere Leistung, ein besonderes Aussehen oder mit spektakulären Geschichten zu erregen. Eine sehr mühsame Strategie für alle Beteiligten. Wesentlich geschickter ist es, andere Menschen um Aufmerksamkeit zu bitten. Zum Beispiel könnten wir eine gute Freundin fragen, ob und wann sie Zeit hätte, uns offen und annehmend zuzuhören. Wenn Menschen um Zuwendung gebeten werden, ohne dass damit ein Anspruch verknüpft wird, sind sie meistens gerne dazu bereit.

Es gibt jedoch noch eine andere Variante, Aufmerksamkeit zu bekommen: Wir können uns selbst Aufmerksamkeit durch die Praxis des inneren Erforschens schenken. Beim Erforschen wenden wir uns mit Annahme und Interesse unserer Seele zu, und genauso wie bei der Aufmerksamkeit, die von anderen kommt, kann unsere Seele auftanken.

Die Wirkung ist, dass wir uns bei einer regelmäßigen Praxis, in der unsere Seele auch regelmäßig die Nahrung der Aufmerksamkeit bekommt, insgesamt seelisch integrierter und ausgeglichener fühlen, wie ein kleines Kind, das verlässlich wohlwollende Zuwendung durch das Umfeld bekommt. Auch unser Selbstwertgefühl wird dadurch zu einem ruhenden Pol, der nicht so sehr von äußerer Anerkennung abhängig ist. Aufmerksamkeit ist ein großes inneres Potential. Es liegt an uns, dieses Potential zu pflegen und zu kultivieren.

- **Reflektiere, wie sich das Grundbedürfnis nach Aufmerksamkeit in deinem Leben äußert.**
- **Reflektiere, welche Wirkung es hat, wenn du dir selbst durch das innere Erforschen Aufmerksamkeit schenkst. Wie erfährst du dann deinen Selbstwert?**

18 Kreativ sein

Die Praxis des inneren Erforschens ist ein universales Werkzeug, das uns den Zugang zu allen Bereichen der Seele ermöglicht. Obwohl die tägliche Praxis das gegenwärtige Erleben aufgreift und von dort sich der inneren Führung überlässt, ist es genauso gut möglich, dass wir bewusst etwas anderes, das uns interessiert, als Ausgangspunkt einer Forschungsreise wählen.

Alles, was unser Leben ausmacht, kann erforscht werden. Unserer Kreativität sind dabei keine Grenzen gesetzt. Auch äußere Situationen können wir erforschen, und es werden sich dadurch ganz neue Tiefendimensionen zeigen, die uns zunächst gar nicht bewusst sind.

Wenn wir zum Beispiel ein vergangenes Ereignis als Ausgangspunkt einer Forschungsreise nehmen, werden wir nicht nur die Gefühle, die wir damals in der Situation hatten, entsprechend unserer heutigen Sicht aktualisieren, sondern im Erfahren und Zulassen dieser Gefühle wird sich das innere Erleben auch verwandeln und eine gegenwärtige Antwort auf die alte Situation wird sich im Jetzt in unserer Seele herausbilden.

Ausgangspunkt für eine Erforschungsreise könnte sein:

- eine vergangene Situation, die uns immer noch beschäftigt
- ein Konflikt
- ein Traum, der uns beim Aufwachen bedeutsam erscheint. Hier nehmen wir die wesentlichen Traumelemente und stellen uns vor, dieses Element mit unserem ganzen Körper und unserer ganzen Seele zu sein. Von dort aus gehen wir ins Erforschen.
- ein Körpersymptom, das uns unerklärlich ist. Auch hier ist es hilfreich, sich vorzustellen, dieses Körpersymptom mit Leib und Seele zu sein

(= Subjekt-Objekt-Perspektivenwechsel) und von diesem Erleben aus ins Erforschen zu gehen.

- das augenblickliche Bedürfnis oder die augenblickliche Sehnsucht
- eine Beziehung, die mich beschäftigt. Ich visualisiere die Person in ihrer typischen Ausstrahlung, wie sie vor mir steht, und erforsche dann mein Erleben dabei.
- ein heilsamer Moment, den ich erfahren habe
- Dinge, die mir kostbar sind, zum Beispiel eine bestimmte Musik oder ein Ort. Auch hier beginnt das Erforschen damit, dass ich mir vorstelle, diese Musik oder dieser Ort körperlich und seelisch zu sein.
- ein Mangel, etwas, das mir gerade fehlt. Wie erfahre ich diesen Mangel in den Wahrnehmungskanälen? Diese Frage ist der Ausgangspunkt beim Erforschen.
- verschiedene Körperteile von mir
- ein spirituelles Bildnis oder eine spirituelle Metapher, die mich berührt, wie zum Beispiel eine bestimmte Buddhafigur oder der Klang von vollkommener Stille. Auch hier braucht es wieder den Subjekt-Objekt-Perspektivenwechsel als Ausgangspunkt.
- Worte oder Gedichtzeilen, die mich ansprechen. In diesem Fall spreche ich die Worte leise in mich hinein und lasse sie in meiner Seele klingen. Von dort aus beginne ich mit dem Erforschen.

Erforschungsreisen können uns in jeden Winkel unserer Seele führen. Wir werden dabei feststellen, dass das äußere Leben begrenzt ist, die Erfahrungsräume der Seele aber nicht. Sie sind so facettenreich wie die Länder und Horizonte dieser Erde. Es liegt an uns, ob wir nur ein bestimmtes Land bereisen oder uns immer wieder neu auf Entdeckungsfahrt begeben. Alles, was es dazu braucht, ist unsere Kreativität.

- **Reflektiere, was normalerweise dein Ausgangspunkt zum Erforschen ist und ob es Erfahrungen gibt, die immer und immer wieder auftauchen.**
- **Experimentiere mit verschiedenen Themen und Perspektiven als Ausgangspunkt deiner Erforschungsreise.**

19 Sich nicht entscheiden

Oft kommen wir in unserem Leben an eine Weggabelung und es entsteht das Gefühl, uns entscheiden zu müssen. Der eine Weg führt nach links und der andere nach rechts. Was nun?

Du und dein Partner planen den Urlaub. Du willst ins Gebirge und er ans Meer. Oder ihr könnt euch nicht entscheiden, ob eine Couch mit Blumenmuster oder eine schwarze Ledercouch besser passt. In Beziehungen gibt es oft Situationen, in denen uns unterschiedliche Bedürfnisse scheinbar eine klare Positionierung abverlangen.

Manchmal ist es tatsächlich gut, eine Entscheidung zu treffen. Aber manchmal ist es hilfreicher, sich nicht zu entscheiden. Denn es gibt nicht nur die beiden Möglichkeiten, die gerade sichtbar sind. Meist gibt es noch einen dritten Weg, der aber nicht so offensichtlich ist und sich erst zeigt, wenn wir uns zunächst nicht entscheiden, sondern die Situation offen halten.

In einer Beziehungssituation lassen wir die beiden sich widersprechenden Bedürfnisse da sein und erkennen sie in ihrem jeweiligen Wert an, aber entscheiden uns zunächst nicht. Die Kunst ist hier, an dem Ort der Hilflosigkeit ohne Lösung zu verweilen und die Aufmerksamkeit weit zu halten. Dann zeigt sich ganz häufig noch einmal eine neue Perspektive, ein dritter Weg, der manchmal sogar beide Bedürfnisse einschließt, manchmal aber auch vollkommen anders aussieht als die Lösungen, die sich zu Beginn gezeigt haben.

Innerlich können wir dieses Phänomen ebenfalls beobachten. Manchmal tauchen im seelischen Prozess zwei zunächst widersprüchliche Pole auf: Da spüren wir zum Beispiel eine Festigkeit im ganzen unteren Körperbereich und gleichzeitig eine zarte, fließende Bewegung im Oberkörper. Auch hier denken wir oft, dass wir uns entscheiden müssten, welcher inneren Qualität wir folgen, damit sich das Erleben vertiefen kann. Und manchmal denken wir, dass einer der beiden Pole falsch sein muss. Dieser Gedankengang entspringt unserem Ego, das immer in Kategorien von „richtig und falsch", von „entweder – oder" denkt.

Die Natur des Bewusstseins jedoch ist umfassend. So können widersprechende Pole, aus einer höheren Perspektive heraus, durchaus gleichzeitig ihre Berechtigung haben. Die Seele kennt kein Richtig und kein Falsch. Ihre Haltung ist das Sowohl – als auch. Sie schließt nichts aus, sondern umfasst alles.

Daher ist es beim Erforschen meist hilfreich, sich nicht zu entscheiden und mit dem Gewahrsein beide sich widersprechenden Pole zu umfassen. Dann wird entweder die Seele sich für einen Pol entscheiden und er tritt von selbst ganz deutlich in den Vordergrund oder es zeigt sich etwas Größeres, etwas Neues, das sich in unserer Seele entfalten will und beide Pole einschließt.

- **Experimentiere sowohl im Alltag als auch beim Erforschen damit, dich zunächst nicht zu entscheiden, wenn sich zwei widersprechende Pole oder Wege auftun.**
- **Experimentiere spielerisch mit dieser Haltung: Lass zunächst eine Bewegung auftauchen, die der augenblicklichen Stimmung entspricht und lass dich in diese Bewegung fallen. Dann lass irgendeine andere, gegenteilige Bewegung auftauchen und lass dich auch in diese Bewegung fallen. Wechsle dann spielerisch zwischen der ersten und zweiten Bewegung hin und her. Lass jetzt deinen Körper ein Bewegungsmuster finden, das beide Bewegungen einschließt. Welche neue Qualität entsteht in dieser dritten Bewegung?**

20 Verdauen

Alles, was wir geistig zu uns nehmen, will verdaut werden. Wir können diesen Vorgang bei Kindern beobachten, die einen Film anschauen. Kaum ist der Film zu Ende, wird er im Rollenspiel wieder aufgegriffen und die Erlebnisse dadurch integriert.

Erwachsene spielen in der Regel nicht mehr, aber die Notwendigkeit, Erfahrungen nachzuverdauen, bleibt bestehen. Auch in uns wirken die Bilder eines Filmes noch lange nach und kreisen in unseren Gedanken, bis sie integriert sind oder von neuen Eindrücken überlagert werden.

Doch nicht nur Bilder, auch Erfahrungen und Begegnungen, angenehme wie schwierige, wollen verdaut werden. Wenn wir uns nicht die Zeit dafür geben, gären viele Dinge unterschwellig vor sich hin und führen dazu, dass wir für neue Eindrücke nicht richtig offen und aufnahmefähig sind. Noch gravierender ist jedoch die Wirkung, dass wir ohne angemessene Verdauungsprozesse seelisch unausgeglichen sind.

Die seelischen Versatzstücke, die unterschwellig in uns gären, lassen ein inneres ungesundes Klima entstehen, das zu starken seelischen Schwankungen führt. Kommt dann noch eine äußere Schwierigkeit dazu, verlieren wir die innere Balance und starke Emotionen tauchen in uns auf. Es gibt einfach keinen Raum mehr in uns, um noch weitere belastende Ereignisse aufzunehmen.

Wenn wir uns dagegen regelmäßig Zeit nehmen, das, was uns bewegt, zu verdauen und dadurch zu integrieren, entsteht in unserer Seele ein gesundes Milieu, das Raum bietet und in dem uns neue belastende Situationen nicht gleich aus der Mitte werfen.

Die Praxis des inneren Erforschens ist eine hilfreiche und sehr effektive Möglichkeit, das, was in uns gärt, zu verdauen und zu integrieren.

Alles, was uns beschäftigt oder berührt, ist wie eine innere seelische Bewegung, eine Prozessbewegung. Wenn diese seelische Bewegung keinen Raum bekommt, damit sie sich in ihrer Natürlichkeit vollziehen und auch abschließen kann, dann entsteht ein innerer Stau. Wie bei einem Fluss, der aufgestaut wird, können Energie und Bewegung nicht natürlich abfließen und sich verwandeln.

Steckt die Bewegung fest, kann es sogar zu einem chronischen Zustand von Stagnation kommen. Diese Stagnation von innerer Bewegung ist ein wesentlicher Teil der Egostruktur. Alte Erfahrungsmuster, die nie wirklich verdaut wurden und damit nicht abfließen konnten, bilden eine innere Struktur aus der Vergangenheit, die uns heute noch prägt.

Wenn wir daher regelmäßig inneres Erforschen praktizieren, ist dies zum einen eine gesunde Psychohygiene, die keine neuen Schlacken in unserer Seele entstehen lässt, und zum andern werden alte Egostrukturen verdaut und transformiert.

Inneres Erforschen könnte ein genauso selbstverständlicher Teil unserer Hygiene werden wie das Zähneputzen. Warum schenken wir unseren Zähnen so viel Aufmerksamkeit, wenden uns aber unserer Seele erst zu, wenn sie schreit? Putzen wir denn unsere Zähne auch erst, wenn sie schmerzen?

- **Welche Themen oder Situationen gären zurzeit noch in dir?**
- **Welche alten Themen oder Situationen bilden chronische Egostrukturen oder Muster, die dich grundsätzlich prägen?**
- **Nimm immer wieder etwas, das in dir gärt, als Ausgangspunkt des Erforschens und reflektiere danach: Wie habe ich mich vor dem „Verdauungsprozess des Erforschens" gefühlt und wie fühle ich mich danach?**

21 Zulassen, zulassen, zulassen

Die Seele kennt nur ein Gesetz: ewigen Wandel. So wie Wasser ist die Seele immer in Bewegung, eine schöpferische Bewegung ohne Ende. Ein ewiges Fließen, das uns fortwährend verwandelt und erneuert.

Das Sinnbild für die Seele ist ein Fluss. Auch hier finden wir eine zeitlose Bewegung vor. Das Wasser steht niemals still und wird ständig erneuert. Daher sagte Heraklit: „Man kann nicht zweimal in denselben Fluss steigen."

Doch worauf schauen wir, wenn wir an einem Fluss stehen? Auf den ewigen Wandel oder auf das Flussbett, die Form des Flusses, die relativ statisch erscheint? Das Flussbett ist die Metapher für unsere normale Identität, bestehend aus unserem Körper, aus Rollen und Selbstbildern, mit denen wir identifiziert sind. Auch sie erscheinen uns relativ verlässlich und gleichbleibend.

Wenn wir jedoch nicht auf die äußere Identität schauen, sondern auf die innere Befindlichkeit der Seele, löst sich alle scheinbare Kontinuität auf und wir tauchen in einen ewigen Prozess des Wandels ein. Bin ich jetzt noch dieselbe Person wie gestern Abend? Äußerlich vielleicht schon, aber innerlich hat sich bereits wieder viel ereignet und verändert.

Wie können wir mit etwas umgehen, das sich fortwährend wandelt wie die Wellen auf einem Fluss? Ist es möglich, die Bewegung der Wellen zu kontrollieren? Ist es möglich, sie vorherzusehen oder gar ihre Dynamik zu verstehen? Können wir auf etwas Fließendem ein sicheres Fundament errichten?

All diese Fragen drehen sich um den Versuch der Kontrolle. Sie ist das Werkzeug des Verstandes, das über Einordnung, Verstehen und Festschreibung Kontrolle und damit Sicherheit aufbauen will. Dieses Werkzeug macht Sinn, solange es um unsere äußere Identität geht. Hier können wir gewisse Festschreibungen und Zuordnungen treffen. Wir können uns beispielsweise einen Namen geben und uns mit Rollen identifizieren, die wir ausüben.

Der Versuch jedoch, ewiges Fließen zu kontrollieren oder zu verstehen, muss scheitern. Wenn wir eine Zange benutzen, um Wasser zu fassen, werden wir scheitern. Es ist das falsche Instrument, ein Instrument der Kontrolle. Wir brauchen ein Instrument, das die Wandelbarkeit des Wassers berücksichtigt.

Ein Boot zum Beispiel ist ein intelligentes Werkzeug, das die Wandelbarkeit des Wassers berücksichtigt, da es selbst nicht statisch ist und nicht die Bewegung des Wassers kontrollieren will, sondern ganz im Gegenteil sich von den Wellen bewegen und trotzdem steuern lässt. Es nimmt die Bewegungen des Wassers in sich auf, lässt diese zu und ist flexibel genug, um sich schwankend mitzubewegen und nicht umzukippen.

Die einzig intelligente Haltung, um sich auf die fließende Natur unserer Seele zu beziehen, ist daher die Haltung des Zulassens und des Mitfließens. Nur im Zulassen kann sich die gegenwärtige innere Bewegung natürlich entfalten und wieder abfließen. Wie jede Welle, die sich natürlich entfalten darf, auch wieder von selbst verschwindet, so findet jede innere Bewegung ein natürliches Ende, wenn sie zugelassen wird. Die innere Bewegung fließt ab und integriert sich von selbst.

Können wir durch das Erforschen einen Raum in uns schaffen, in dem sich unsere innere Bewegung frei entfalten darf? Können wir den inneren Bewegungen vertrauen, die wir nicht verstehen oder merkwürdig finden? Kennen wir den Unterschied zwischen einem inneren Zulassen und einem äußeren Ausagieren?

- **Welche innere Bewegung will gerade zugelassen werden? Wie kannst du sie vollständiger zulassen?**
- **Welcher inneren Bewegung kannst du nicht vertrauen? Welche Ängste oder Vorstellungen hindern dich in deiner Offenheit?**

22 Sich fallen lassen

Zulassen und Mitfließen ist eine Form der Hingabe an die innere Bewegung des Lebens. Wir lassen dabei unsere Kontrolle und unsere Vorstellungen los und vertrauen der Weisheit unserer Seele.

Kontrollverlust ist für viele Menschen negativ besetzt. Aber ohne eine freundliche Einstellung zu Kontrollverlust kann kein tieferes Zulassen unserer Seelenbewegung geschehen und ohne Kontrollverlust gibt es auch keinen Zugang zum transpersonalen Raum. Der transpersonale Raum ist in den Tiefen unserer Seele ein Ort von unbedingtem Sein und einer zeitlosen, unberührten Stille, die gleichzeitig alles, was existiert, verbindet und durchdringt.

Zu dieser Art von Erfahrung führt eine besondere Form des Zulassens, nämlich das sehr feine innere Sich-Überlassen. Wir lassen all unser Tun und Wollen beiseite und überlassen uns dem Augenblick. Ja, wir überlassen sogar den Augenblick sich selbst. Wir überlassen die augenblicklichen Gefühle sich selbst. Wir überlassen die Empfindungen des Körpers sich selbst. Wir überlassen das Denken sich selbst und überlassen sogar einen inneren Widerstand sich selbst.

Wir überlassen die Dinge sich selbst und lassen uns innerlich fallen. Dieser Vorgang ähnelt dem Einschlafen. Auch dabei überlassen wir die Dinge sich selbst und lassen uns in den Schlaf fallen. Hier jedoch fallen wir nicht in den Schlaf, sondern in einen Raum von Bewusstheit, in dem eine sehr feine, gesteigerte Form der Aufmerksamkeit lebt: das Lauschen.

Die Dinge sich selbst überlassen, sich fallen lassen und ins Lauschen eintauchen ist eine Art des vollständigen Kontrollverlustes und ermöglicht uns genau dadurch den Zugang in den transpersonalen Raum.

Um uns fallen zu lassen, ist jede Erfahrung gut genug. Das Tor der

Hingabe ist bedingungslos und steht immer weit offen. Allerdings können wir es nur nutzen, wenn unsere Hingabe, unsere Bereitschaft zu Kontrollverlust, bedingungslos und ohne Vorbehalt ist.

Daher ist ganz entscheidend, welche innere Beziehung wir zu Kontrollverlust haben. Wenn wir ihn fürchten, werden wir innerlich festhalten, anspannen und kontrollieren. Meditation und auch das innere Erforschen werden dann von Anstrengung geprägt sein. Wenn wir jedoch Kontrollverlust als angenehm erleben oder ihn sogar lieben und uns überlassen können, sind Meditation und Erforschen spielerische Hingabe ohne jegliche Anstrengung. Eine Bewegung, die uns direkt in den transpersonalen Raum führt.

- **Erforsche deine innere Beziehung zu Kontrollverlust: Was verbindest du mit Kontrollverlust?**
- **Erinnere und erforsche positive Erfahrungen von Hingabe.**
- **Experimentiere damit beim Erforschen. Gehe zunächst mit dem gegenwärtigen Erleben tiefer in Kontakt, überlasse dann das Erleben sich selbst und lasse dich innerlich fallen. Was breitet sich dann aus? Wie erfährst du diesen Erfahrungsraum?**

23 Nach der Welle

Stille begleitet uns immer. Jedoch gibt es nur wenige kostbare Momente, in denen sie sich offenbart. Normalerweise ist sie wie eine unsichtbare und unscheinbare Begleiterin, vergleichbar mit dem offenen Raum, der unseren Körper immer sanft umspielt. So unscheinbar und selbstverständlich, dass wir ihn in der Regel nicht wahrnehmen.

Und doch gibt es diese Momente, in denen die Dimension der Stille plötzlich mitten im Raum steht und sich zu einem intensiven Seinsmoment verdichtet. Solch ein Moment kann sich zum Beispiel offenbaren, wenn wir am Meer sitzen und der Brandung der Wellen lauschen. Die Welle baut sich auf, erreicht ihren Höhepunkt, überschlägt sich, und läuft Gischt spritzend und gurgelnd am Strand aus. Während das Wasser in das Meer zurückfließt, hören wir noch ein untergründiges Rollen der Steine und dann ist Stille.

Ein Moment, in dem das Meer Atem holt. Ein Moment, in dem das Leben still zu stehen scheint. Diese Stille dauert nur ein paar Augenblicke und schon rollt die nächste Welle heran. In diesen wenigen Augenblicken offenbart sich uns ein unberührter Raum, in den wir innerlich eintauchen können. Das Erleben verdichtet sich. Der Moment dehnt sich aus, ohne Zeit und ohne Raum.

Auch im bewegten Meer unserer Seele gibt es diese Momente, in denen größere Wellen ihr natürliches Ende finden und ein Augenblick der Stille auftaucht. Vielleicht bewegt uns etwas Schmerzliches oder etwas Erfreuliches. Was immer gerade in unserer Seele schwingt, wenn wir es vollständig in uns zulassen, wird es sich wie eine Welle aufbauen, ausrollen und dann zu einem natürlichen Ende finden. Jede Welle, die zugelassen wird, hat ein Ende und nach jeder Welle findet sich ein Moment der Stille.

Diese Momente der Stille nach einer seelischen Welle sind allerdings so unscheinbar, dass wir sie leicht übersehen. Manchmal sind wir noch zu benommen von der emotionalen Wucht der soeben vergangenen Welle, als dass wir die undramatische Stille danach spüren könnten. Manchmal denken wir einfach nur: „Gott sei Dank, die Welle ist vorüber. Die Arbeit ist vollbracht. Jetzt trinken wir erst einmal einen Tee." Und schon haben wir das Erforschen beendet, der Moment der Stille aber bleibt unbemerkt.

Wenn wir jedoch mit unserer Aufmerksamkeit noch weiter wach bleiben und lauschend am Ende einer seelischen Welle in der Stille verweilen, öffnet sich hier ein zeitloser Raum, in den wir uns fallen lassen können. Plötzlich sind die Wellen des Lebens weit weg und bewegen uns nicht mehr. Der Augenblick verdichtet sich und die zunächst unscheinbare und unsichtbare Stille durchdringt alles wie ein intensiver Duft.

- **Achte beim Erforschen immer wieder auf Momente, in denen ein inneres Erleben, das dich sehr bewegt, zu Ende geht. Verweile dort mit deiner Aufmerksamkeit und lausche auf den stillen Raum, der sich hier öffnet. Lass dich in diese Stille hineinfallen.**
- **Erinnere dich an Momente in deinem Leben, in denen sich unvermittelt Stille offenbart hat. Wie war die Situation genau? Wie hast du die Stille erfahren? Was hat dich dabei besonders berührt? Nimm einen dieser Momente als Ausgangspunkt einer Forschungsreise.**

24 Tore ins Sein

Die Seele ist ein Ort der Fülle. Hier können wir alles sein und alle Facetten des Lebens erfahren. In den Weiten und Tiefen unserer Seele findet sich unser Mangel, aber auch die Erfahrung der Erfüllung. Es finden sich der Schmerz und die Ohnmacht, aber auch ein Raum von Heilsein und innerer Freude. Alles ist zu jeder Zeit vorhanden und Gegensätzliches schließt sich nicht aus.

Wenn wir in unserem Leben einen inneren Mangel spüren, dann suchen wir typischerweise außerhalb von uns nach der Erfüllung. Wir hoffen und warten darauf, dass irgendetwas oder irgendjemand uns diesen Mangel stillt. Genauso suchen wir meist unsere Heilung bei anderen. Wir glauben, dass der andere sich ändern muss oder sich entschuldigen muss, damit wir unser Verletztsein loslassen können.

Doch die Orte von Erfüllung und Heilung sind in uns, im Raum unserer Seele. Und die Tore dazu sind das gegenwärtige Erleben und unsere Sehnsucht. Jede Art von Erfahrung, ob schmerzhaft oder unerfüllt, ob verletzt oder ohnmächtig, trägt potentiell eine spezielle Facette einer Seinserfahrung in sich.

Das bedeutet, in jedem Augenblick ist potentiell der Seinsaspekt bereits anwesend, den wir zu unserer Heilung und zur Erfüllung benötigen. Wir brauchen nicht darauf zu warten, bis etwas von außen oder von anderen kommt. Wir können dieses Potential kraft unserer Aufmerksamkeit aufsuchen. Ist das nicht eine unglaubliche Botschaft? Eine wahrhaft „frohe Botschaft"?

Dieses innere Potential unserer Seele wird allerdings nur wirksam, wenn wir unsere Aufmerksamkeit nach innen richten. Solange wir außerhalb von uns nach der Erfüllung suchen, können wir sie nicht berühren. Wir müssen in uns nach dem Schatz graben, um ihn zu finden, und das Werkzeug ist die Praxis des inneren Erforschens.

Die Kunst dabei ist, den Mangel, den Schmerz, die Verletzung oder die Ohnmacht vollständig im gegenwärtigen Erleben zu erfahren und zuzulassen, dabei aber nicht so sehr auf die Umstände oder die Geschichte dahinter zu schauen, sondern die Aufmerksamkeit ganz unmittelbar auf das Gegenwärtige darin zu richten.

Erst wenn wir das gegenwärtige Erleben des Mangels oder des Schmerzes voll erfahren und zulassen und dort mit unserer Aufmerksamkeit tiefer hineingehen, verwandelt sich die Erfahrung und ein Seinsaspekt kommt dahinter zum Vorschein. Mitten im Zulassen des Mangels eröffnet sich eine Fülle und mitten im Zulassen des Schmerzes kann sich unvermittelt unser Herz öffnen.

Dazu sind zwei Aspekte des Erforschens wesentlich: dass wir das gegenwärtige Erleben annehmend betrachten und dass wir in das gegenwärtige Erleben vollständig eintauchen. Ohne eine annehmende Grundhaltung sehen wir die Dinge nicht wirklich. Jede Art von Ablehnung oder Vorbehalt verzerrt unsere Wahrnehmung. Und ohne in die Dinge einzutauchen, sehen wir aus der Distanz nur die Oberfläche der Dinge und das innere Potential entgeht uns.

Unsere Aufmerksamkeit nach innen richten, das, was ist, annehmen und eintauchen. Befolgen wir diese einfache Vorgehensweise, ist jeder Augenblick, wie immer er sich zunächst auch anfühlt, ein Tor zum Sein.

Erforsche dein Verletztsein und deinen Mangel:
Beschäftige dich dabei nicht mit der Geschichte oder dem Auslöser, sondern spüre, wie du dieses Verletztsein oder diesen Mangel jetzt in den Wahrnehmungskanälen erfährst. Erlaube dir diese Erfahrung, stimme ihr zu! Betrachte sie annehmend und tauche dann tiefer in die Erfahrung des Verletztseins oder des Mangels ein. Wohin führt es dich?

25 Veränderte Bewusstseinszustände

Beim inneren Erforschen tauchen wir immer wieder in Erfahrungsräume ein, die sich von der Art, wie wir das Leben im Alltag erfahren, sehr unterscheiden. Hier öffnet sich vielleicht ein Gefühl von Zeitlosigkeit oder ein Raum, in dem es kein Tun und keine Anstrengung gibt. Oder wir erkennen, dass alles miteinander verbunden ist und keinerlei Trennung existiert. Wir befinden uns plötzlich an einem Ort der Liebe. Vielleicht spüren wir auch, dass alles, was geschieht und existiert, zutiefst in Ordnung ist.

Diese und ähnliche Erfahrungen unterscheiden sich grundlegend von unserem Alltagserleben. Hier gibt es Zeitdruck und Anstrengung. Hier fühlen wir uns oft getrennt und sind mit der Rücksichtslosigkeit, die zwischen Menschen stattfindet, konfrontiert und hier lesen wir täglich in der Zeitung, was in dieser Welt alles nicht in Ordnung ist und was wir nicht alles gegen die Missstände in dieser Welt tun könnten.

Offensichtlich handelt es sich um zwei sehr verschiedene Bewusstseinszustände, die jeweils unser Erleben der Welt grundlegend verändern. Wir sprechen zum einen von der Alltagsrealität, die die vorherrschende Perspektive unserer Kultur ist, und zum anderen von veränderten Bewusstseinszuständen.

Veränderte Bewusstseinszustände können unterschiedliche Auslöser haben. Zum Beispiel bringt uns der Konsum von Alkohol oder Drogen in veränderte Bewusstseinszustände. Auch besondere Ereignisse, wie zum Beispiel ein Unfall oder ein Schicksalsschlag, können uns in einen veränderten Bewusstseinszustand katapultieren.

Auch beim Erforschen tauchen wir regelmäßig in veränderte Bewusstseinszustände ein, nämlich immer dann, wenn sich unsere Aufmerksamkeit verdichtet und wir tief in das gegenwärtige Erleben eintauchen. In solchen Momenten wird die Qualität unserer Aufmerksamkeit im gegenwärtigen Erleben so intensiv und ausschließlich, dass wir aus der normalen Verstandesperspektive heraustreten und die gewohnte Beschreibung der Welt durch unseren Verstand zurücktritt.

Diese Vorgänge geschehen immer, wenn veränderte Bewusstseinszustände auftreten. Allerdings führen wir sie beim Erforschen ohne äußere Einflüsse oder Hilfsmittel, nur rein durch die Qualität unserer Aufmerksamkeit selbst herbei. Das gibt uns die Freiheit, jederzeit wieder in die normale Alltagsperspektive zurückzukehren. Diese Freiheit gibt es bei veränderten Bewusstseinszuständen, die durch Drogen oder äußere Ereignisse ausgelöst werden, nicht.

Durch das häufige Wechseln der Bewusstseinszustände mithilfe des inneren Erforschens schwächt sich die Fixierung unseres Bewusstseins auf die Alltagsperspektive ab. Wir sind nicht mehr gewohnheitsmäßig reduziert auf unsere Verstandesrealität und unser Kontrollzwang nimmt ab. Gleichzeitig nimmt unsere innere Freiheit zu.

Denn Freiheit ist nicht ein Zustand ohne Grenzen oder ohne Bindungen, sondern die Fähigkeit, kraft unseres Bewusstseins in verschiedene Perspektiven eintauchen zu können. Dann gibt es auch die Freiheit für uns, Seinserfahrungen von Verbundenheit und Stille aufzusuchen, sodass diese veränderten Bewusstseinszustände zu einem selbstverständlichen Teil unseres Lebens werden.

- **Erinnere dich an Momente, in denen du veränderte Bewusstseinszustände erfahren hast. Nimm diese Erfahrung als Ausgangspunkt deiner Forschungsreise. Was unterscheidet sich in diesem Zustand von der Alltagserfahrung?**
- **Experimentiere immer wieder beim Erforschen damit, dich ganz in eine gegenwärtige Erfahrung hineinzugeben. Nicht nur Zulassen, sondern Eintauchen in die Erfahrung ist der Schlüssel zu einem veränderten Bewusstseinszustand.**

26 Dem Leben begegnen

Dem Leben begegnen bedeutet nicht, es zu verstehen oder im Griff zu haben. Vielmehr ist es ein Vorgang von Sich-Einlassen. Ein Prozess der wechselseitigen Veränderung.

Wenn wir einem Menschen begegnen, kennen wir ihn nicht und können ihn in seiner Komplexität niemals verstehen. Wir wissen im Vorhinein nicht, was in einer echten Begegnung geschehen wird und wie sie uns verändern wird. Das ist auch gar nicht nötig. Es genügt, dass wir bereit sind, uns einzulassen.

Wenn wir wirklich interessiert sind am lebendigen Potential des Augenblicks, ganz gleich, ob es die Begegnung mit einem Menschen betrifft, mit einer Gruppe oder mit der Natur, dann ist es sogar hilfreich, alles Verstehen und Bekannte beiseitezustellen und uns für das Unbekannte zu öffnen, das jede echte Begegnung für uns bereit hält.

Auch das gegenwärtige Potential unserer Seele können wir nicht kennen oder verstehen. Aber wir können ihm Raum geben, damit es sich mit der Zeit entfaltet und sichtbar wird. Das bedeutet noch nicht, dass wir jetzt sofort verstehen, was im Moment in uns wirkt, sondern nur, dass die gegenwärtige Lebendigkeit sich dadurch offenbart, dass sie durch uns wirkt und uns verändert.

Unser Verstand will immer verstehen und dadurch die Oberhand behalten. Aber unsere Seele will sich entfalten und fließen. Dies geschieht nicht durch Verstehen, sondern dadurch, dass wir uns vertrauensvoll einlassen. Dann findet auch eine Art von Verstehen statt, aber auf eine andere Weise. Dies ist kein kognitives oder intellektuelles Verstehen, sondern eine Einsicht, ein erfahrungsorientiertes Verstehen. Wir beginnen, die Dinge aus der eigenen Erfahrung heraus zu erkennen.

Den Geschmack einer Zitrone intellektuell oder durch Erklärungen zu erfassen, muss scheitern. Erst wenn wir hineinbeißen und den Saft schmecken und dessen Wirkung spüren, können wir aus der Erfahrung heraus ein tieferes Verständnis einer Zitrone bekommen. Das Leben kennenlernen zu wollen, bedeutet also nicht nur, auf das Lebendige im Augenblick zu schauen oder es zu analysieren, sondern uns darauf mit Haut und Haaren einzulassen.

Sich-Einlassen ist der wesentliche Aspekt einer wirklichen Begegnung. Dabei geschieht immer mehr, als wir uns in der Theorie vorstellen können. Etwas Neues, Unbekanntes bricht in uns ein und wirkt durch uns auf eine Weise, die uns verändert. Erst wenn wir verändert aus einer Situation hervorgehen, war es eine echte Begegnung.

Dabei entsteht eine neue Qualität von Lebendigkeit, die mehr ist als die Summe der Beteiligten. Wenn Musiker aufeinandertreffen und miteinander musizieren, entsteht eine Musik, die eine eigene Qualität von Lebendigkeit entfaltet. Sie ist mehr als nur die Summe der einzelnen Melodien und Stimmen.

Diese neue Qualität von Lebendigkeit kann sich aber nur entfalten, wenn wir uns einlassen. Auch seelisch kann sich das Aktuelle nur im Sich-Einlassen entfalten. Erst im Zulassen und Sich-Einlassen begegnen wir dem Leben auf eine unmittelbare Art und Weise. Nur so lernen wir es in seiner schöpferischen Natur von innen her kennen.

- **Erinnere dich an eine Begegnung, die dich tief bewegt oder verändert hat. Wie war die Situation genau? Was war dabei überraschend, ging über deine Vorstellung hinaus? Wie hat sie dich verändert? Nimm diese Begegnung und die Erfahrung dabei noch einmal als Ausgangspunkt einer Erforschungsreise.**
- **Experimentiere immer wieder damit, dich auf den Augenblick ganz einzulassen, und spüre, wie dich das Einlassen verändert.**

27 Lebendigsein

Was ist das Wesentliche an einem Fluss? Was ist das Wesentliche an einem Menschen? Es ist das Lebendige, das den Fluss zum Fluss und den Menschen zum Menschen macht. Ohne das Lebendige verliert jegliche Form ihren Sinn und hört zu existieren auf.

Ein Fluss ohne fließendes Wasser ist kein Fluss mehr. Ein Mensch ohne Herzschlag, ohne Atmung, Denken und Fühlen ist kein Mensch mehr. Ein menschlicher Körper ohne Leben zerfällt. Eine Beziehung ohne Interaktion ist keine Beziehung. Ein Fußballspiel ohne Spieler, die miteinander agieren, hört auf, ein Spiel zu sein. Und sogar ein Computer verliert seinen Sinn, wenn niemand daran arbeitet.

Jeder Moment und jede Form beinhaltet ein lebendiges Potential. Wir nennen es Leben. Leben kommt von Lebendigsein. Wenn uns bewusst wird, dass das Wesentliche in den Dingen das Lebendige ist und nicht deren Form, dann werden wir immer interessierter daran, mit dem Lebendigen in Kontakt zu kommen und von dieser Quelle erfrischt und belebt zu werden.

Wer will nicht gerne seine Lebendigkeit spüren? Das Gefühl haben, lebendig zu sein? Tatsächlich ist die Sehnsucht nach Lebendigkeit eine ganz wesentliche Grundsehnsucht in jedem Menschen. Wenn wir uns lebendig fühlen, sind wir erfüllt und erfahren das Leben als freud- und sinnvoll.

Was tun wir nicht alles, um uns lebendig zu fühlen! Wir gehen auf Rummelplätze, machen Sport und besuchen Events. Doch das Lebendige ist uns viel näher, als wir meist denken. Es ist immer und überall anwesend: in jedem Kontakt, in jeder Situation und auch immer im lebendigen Fluss unserer Seele.

Um das Lebendige wieder zu spüren, brauchen wir einzig und allein unsere Perspektive zu ändern, nicht auf die äußere Form der Dinge zu achten, sondern auf das Lebendige des Augenblicks zu schauen, das in einer Situation wirkt.

Wir müssen dafür allerdings die Bereitschaft aufbringen, unsere Vorstellungen, Vorhaben und Gewohnheiten beiseitezustellen und uns zu öffnen für das, was sich aus dem Augenblick heraus entfalten will. Manchmal sind wir so stark fixiert auf unsere Vorstellungen, dass wir das, was sich wirklich entfalten will, nicht zulassen wollen.

Auch beim Erforschen sperren wir uns manchmal gegen die augenblickliche Lebendigkeit, da sie gerade nicht in unsere Vorstellungen passt. Doch die Praxis des inneren Erforschens ist eine Praxis des Sich-Öffnens und führt uns tief ins Lebendige hinein.

Manchmal verpassen wir das Lebendige, da wir beim Erforschen nur auf unsere Geschichte schauen, auf Erinnerungen, die mit dem gegenwärtigen Erleben auftauchen. Wir sind oft geradezu hypnotisiert von unserer Geschichte. Doch letztlich verbirgt sich auch in jedem „alten“ Schmerz und jeder Erinnerung eine aktuelle Lebendigkeit. Wir schauen nur häufig nicht tief genug.

Dabei geht es nicht darum, Schmerz oder die Geschichte zu verneinen oder zu vermeiden, sondern vielmehr darum, alles da sein zu lassen und darüber hinauszugehen ins lebendige Jetzt. Die Augen offen zu halten, wo und wie sich der lebendige Lebensfluss zeigt.

- **Geh einmal durch den Tag und richte deine Aufmerksamkeit bewusst auf das Lebendige in allem, was dir begegnet. Auf das Lebendige in den Menschen, auf das Lebendige in jeder Interaktion, auf das Lebendige in deiner Arbeit …**
- **Wie erfährst du das Lebendigsein jetzt? Nimm diese Frage als Ausgangspunkt für das Erforschen.**

28 Die Liebe zum Einfachen

Viele Menschen, die ihre ersten Erfahrungen mit der Praxis des inneren Erforschens machen, sind davon überrascht, welche intensiven Erlebnisse und Erkenntnisse dabei auftauchen. Gerade am Anfang unseres inneren Weges eröffnen sich uns vollkommen neue Welten und wir spüren, welche Intensität entstehen kann, wenn wir uns auf den Augenblick ganz einlassen.

Mit der Zeit merken wir jedoch, dass nicht jede innere Forschungsreise die gleiche Intensität hat und manche inneren Räume, die uns zunächst fasziniert haben, bekannt und vertraut geworden sind. Dann beginnt unser Interesse wieder abzuflauen und wir wenden uns einer anderen Praxisform zu.

Warum genügt es uns nicht, den gegenwärtigen Moment in seiner Schlichtheit zu spüren? Warum suchen wir jedes Mal nach der neuen, nach der tiefen, nach der einzigartigen und ganz besonderen Erfahrung? Nur wenn in der Praxis eine große Intensität oder eine große Einsicht entsteht, betrachten wir sie als wertvoll und gelungen.

In Wirklichkeit ist es ein ganz natürlicher Prozess, dass mit zunehmender Reife die Dinge einfacher werden. Wenn wir mit der Zeit mehr und mehr Offenheit und Durchlässigkeit verkörpern, wenn die Dinge sein dürfen, so wie sie sind, dann wird sowohl die Meditationspraxis als auch die Praxis des inneren Erforschens sehr unspektakulär. Je weniger Vorstellungen in uns wirken, desto natürlicher und einfacher darf sich der gegenwärtige Seelenfluss entfalten.

Wie bei einem Fluss, der nicht durch große Felsen behindert ist, gibt es auch bei uns innerlich umso weniger Reibung, je durchlässiger wir werden. Ohne Felsen gibt es im Fluss keine Strudel und Stromschnellen und ohne innere Reibung gibt es nichts Spektakuläres, das uns aufwühlt. Je mehr sich unser Ego transformiert und unsere festen Vorstellungen abnehmen, je annehmender und offener wir werden, desto mehr nimmt das innere Drama ab und desto einfacher und schlichter erscheint uns das Leben.

Diese Entwicklung können wir nur gutheißen, wenn wir auch eine Liebe zum Einfachen und Schlichten in uns tragen. Solange wir das Spektakuläre und Besondere suchen, werden wir denken, dass etwas in unserer Praxis falsch läuft, wenn sie schlichter und unspektakulärer wird. Wir werden dieser Entwicklung nicht vertrauen und das Potential von innerer Reife und Durchlässigkeit, das sich darin ausdrückt, verkennen.

Auch im Einfachen kann das Leben intensiv erfahren werden. Denn die Intensität eines Augenblicks hängt nicht davon ab, wie aufregend oder einzigartig eine Erfahrung ist, sondern wie tief wir uns auf dieses innere Erleben einlassen. Auch ein ganz einfaches, schlichtes Erleben eines Wohlgefühls im Körper kann uns tief erfüllen. Allerdings nur dann, wenn wir in diese Erfahrung unmittelbar und vollständig eintauchen.

Die große Frucht des inneren Weges ist die Verkörperung von Offenheit und Durchlässigkeit. Sie führt uns in die Einfachheit. Sich mit dem Leben anfreunden heißt daher auch, sich mit dem Einfachen anfreunden.

- **Reflektiere, wie sehr deine Praxis davon bestimmt ist, eine intensive oder besondere Erfahrung zu machen? Wie reagiert deine Seele, wenn sich durch deine Praxis nichts Intensives oder Besonderes ergibt?**
- **Nimm eine ganz schlichte gegenwärtige Erfahrung im Körper als Ausgangspunkt deiner Forschungsreise. Geh tiefer und tiefer in diese Erfahrung hinein. Welche Art von Intensität ergibt sich dabei?**

TEIL DREI

Das Zuhören

1 Leben in Beziehung

Wir alle leben in Beziehung. Ob in der Partnerschaft, der Familie, im Beruf oder in der Freizeit, überall finden vielfältige Begegnungen mit Menschen statt.

Es gibt flüchtige Begegnungen wie mit der Kassiererin an der Kasse. Es gibt tiefe Begegnungen wie bei der Begleitung eines Sterbenden. Es gibt Beziehungen, die vorwiegend funktionaler Natur sein können, wie die Beziehung zwischen Kollegen, und auch Beziehungen, in denen eine tiefe Bindung wirkt, wie die Beziehung zu den eigenen Eltern oder Kindern. Es gibt hierarchische Beziehungen wie die Beziehung von einer Lehrerin zu ihren Schüler(inne)n und es gibt Beziehungen, die gleichwertig sind, wie zwischen zwei Freunden. Es gibt Beziehungen im Kontext einer Gemeinschaft, wie in einer Familie oder einer spirituellen Gemeinschaft, und es gibt lose zufällige Verbindungen.

Wir alle sind in vielfältige Beziehungen eingebunden. Das Gelingen dieser Beziehungen ist die Grundlage für unser Wohlbefinden, für unser Gefühl von Sicherheit, für das Gefühl, ein wertvoller Teil der Gemeinschaft zu sein, und für das Gelingen unserer Projekte. Umgekehrt bedeutet das Nicht-Gelingen oder Scheitern einer Beziehung im Kleinen wie im Großen immer Frustration, Verletzung und viele Schwierigkeiten, die sich daraus ergeben.

Wenn wir in unsere Seele blicken und auf unsere Wunden und Verletzungen schauen, die uns in unserem Leben zugefügt wurden und die wir teilweise noch heute in uns tragen, dann sind es fast immer Verletzungen oder Enttäuschungen, die durch Menschen ausgelöst wurden. Und wenn wir das Glück haben, dass wir innerlich sehr stabil sind und insgesamt ein glückliches, erfülltes Leben führen, dann hat das in der

Regel auch damit zu tun, dass wir das Glück hatten, in der ersten Phase unseres Lebens von einem wohlmeinenden und gesunden Beziehungsnetz getragen worden zu sein und auch gegenwärtig von konstruktiven Beziehungen umgeben zu sein.

Beziehungen sind grundlegend für unser Leben und die innere Welt, in der wir leben. Tatsächlich können wir gar nicht *nicht bezogen* sein. Selbst wenn wir uns zutiefst einsam und abgeschnitten von allem fühlen, selbst wenn wir uns äußerlich von Menschen zurückziehen und die Abgeschiedenheit einer Berghütte aufsuchen, sind wir in das Netz des Lebens eingebunden.

Wie viele Menschen haben daran mitgewirkt, dass diese Berghütte existiert? Und wie viele Menschen sind daran beteiligt, dass wir auch in der Zurückgezogenheit der Berghütte Kleidung haben und Nahrung zu uns nehmen können? Jeder Augenblick unseres Lebens ist bei genauerer Betrachtung ein Produkt des Zusammenwirkens von unendlich vielen Elementen und natürlich auch von Menschen. Genauso ist unsere Innenwelt das Produkt eines unendlich komplexen Geschehens, das sich aus dem Zusammenwirken von inneren Elementen, wie Körper, Geist und Wahrnehmung, mit unendlich vielen äußeren Einflüssen ergibt.

Wenn wir in der Unmittelbarkeit des gegenwärtigen Erlebens dieses grundsätzliche In-Beziehung-Sein erforschen, werden wir nichts in uns finden, das unabhängig von allem anderen existiert. Dies führt uns zu der grundlegenden spirituellen Erkenntnis, dass wir nicht getrennt existieren und es kein individuelles, abgetrenntes Selbst gibt.

Wenn uns bewusst wird, dass nicht wir als individueller Mensch im Mittelpunkt unseres Lebens stehen, sondern unsere vielfältige Bezogenheit, also die Verbundenheit mit anderen, ergibt sich daraus folgerichtig, dass wir auch für dieses ständige In-Beziehung-Stehen eine eigene spirituelle Praxis, eine Beziehungspraxis, entwickeln: die Praxis des Zuhörens.

Betrachte deinen Alltag: Wie viele Menschen, Beziehungen und Gemeinschaften bestimmen dein Leben direkt und im Vordergrund deines Lebens? Und wie viele indirekt oder im Hintergrund, oft unsichtbar? Zeichne dieses Leben in Bezogenheit auf ein großes Blatt. Welche Gefühle entstehen dabei?

2 Zuhören als spirituelle Grundhaltung

Zuhören ist mehr als eine Praxis für unsere Bezogenheit als Mensch. Es ist die natürliche spirituelle Grundhaltung, die unser ganzes Leben durchwirken kann. Jedoch wird sie häufig durch Grundhaltungen des Egos überdeckt.

Um glücklich zu sein oder Ziele zu erreichen, entwickeln wir in unserer Kindheit Lebensstrategien, die sich mit der Zeit meist unbewusst zu einem Lebensmuster verdichten und als Grundhaltung des Egos unser Leben und Handeln bestimmen.

Einige klassische Lebensstrategien des Egos, die sich dann zu Persönlichkeitsstrukturen verdichten, drehen sich um folgende Themen:

- **Angst und Sicherheit:** der Versuch, durch Kontrolle, Rituale und Kontaktvermeidung das Leben sicher zu machen.
- **Mangel und Bedürfnisse:** Alles dreht sich um das Gefühl, nicht genug zu bekommen.
- **Selbstwert:** Im Zentrum steht das Bemühen um Anerkennung.
- **Leistung und Ziele:** Man definiert sich durch die eigene Leistung und vermeidet Räume der Muße und der Schwäche.
- **Perfektion und Schuld:** Die Anstrengung, möglichst alles richtig zu machen und einen perfekten Menschen darzustellen, um das Gefühl der Schuld abzuwehren.
- **Verantwortung und Helfen:** Wir kümmern uns nur um andere und vergessen uns und unsere Bedürfnisse.

All diesen Egostrategien liegt der Versuch zugrunde, einen Mangel durch Kontrolle und Tun abzuwehren. Sie unterscheiden sich ganz deutlich von der spirituellen Grundhaltung des Zuhörens. Zuhören ist nicht das Ergebnis einer Abwehr, sondern im Gegenteil ein Ausdruck des Sich-Öffnens.

Tatsächlich ist das Zuhören das erste Sinnestor in die Welt – das erste Tor unserer Bezogenheit. In der embryonalen Entwicklung entwickelt sich als erstes Sinnesorgan die Fähigkeit, zu hören. Das Johannesevangelium beginnt mit den Worten: „Am Anfang war das Wort", und bezieht sich dabei auf den Hörkanal. Doch nicht nur an dieser Stelle findet sich der Hinweis auf das Hören. Die ganze Bibel durchzieht mehrere hundert Mal der zentrale Hinweis: „Höre, Israel." Dieses „Höre, Israel" tragen orthodoxe Juden als ständige Erinnerung in einer kleinen Kapsel an einem Gebetsriemen unter der Achsel und auch die Benediktinerregel des Gehorsams bezieht sich auf das Hören – hier auf Gott.

Zuhören ist die zentrale spirituelle Lebenshaltung und zeigt sich als Grundhaltung in allen Praxisformen. In der stillen Meditation lauschen wir dem Augenblick und in die Stille. In der Praxis des inneren Erforschens lauschen wir unserer seelischen Realität und in unseren Beziehungen schließlich lauschen wir dem Gegenüber.

Zuhören als Lebenshaltung betrifft nicht nur das Sinnesorgan Ohr, sondern alle unsere Sinne. Wir öffnen uns dabei dem gegenwärtigen Leben mit all seinen Facetten. Es ist eine Grundhaltung der Sensibilität und der Empfänglichkeit. Es ist keine Haltung der Kontrolle, der Abwehr und des Tuns wie bei den Hauptstrategien des Egos, sondern wir lassen uns auf das Leben ein.

Obwohl die Haltung der Empfänglichkeit und des Offenseins das Einfachste und Natürlichste ist, was es gibt, steht es gleichzeitig im Widerspruch zu all unseren Vorstellungen, Vorlieben und Egomustern. Aus diesem Grund ist es eine anspruchsvolle Kunst, die Offenheit des wirklichen Zuhörens zu praktizieren, und es braucht unsere bewusste Auseinandersetzung, um die Grundhaltung des Zuhörens und deren wesentliche Elemente zu verinnerlichen.

Betrachte deine übliche Lebenshaltung dem Leben gegenüber. Wie prägt diese Lebenshaltung dein Leben, deine Gefühle, dein Verhalten, deine Beziehungen, deine Beziehung zu dir selbst?

Erforsche das innere Erleben, das sich einstellt, wenn du die Grundhaltung des Zuhörens einnimmst.

3 Präsenz

Zuhören als eine ständige Praxis in all unseren täglichen Beziehungen ist eine Kunst, die uns selbst und unsere Beziehungen bereichern und verwandeln kann. Wie jede Kunst bestimmte Fähigkeiten und Einstellungen voraussetzt, braucht auch die Kunst des Zuhörens ein inneres Gestimmtsein, welches mehrere Grundelemente beinhaltet.

Da ist zunächst unsere Präsenz. Um einem Menschen zuhören zu können, müssen wir innerlich anwesend sein. Eine bloße physische Anwesenheit genügt nicht. Wie hören wir zu, wenn wir innerlich noch mit Gedanken an die Arbeit beschäftigt sind, aus der wir gerade gekommen sind?

Präsenz ist eine Kraft, die im Gespräch gespürt wird. Unser Gegenüber spürt unterschwellig sofort, ob wir anwesend sind oder nicht. Auch Kinder reagieren seismografisch darauf, ob Erwachsene mit ihrer Aufmerksamkeit gerade wirklich anwesend sind oder nur oberflächlich. Tatsächlich ist das Bedürfnis nach Aufmerksamkeit und Gesehen-Werden das Grundlegendste, das unsere Seele zu einer gesunden Entfaltung braucht.

Doch wie können wir jemandem Aufmerksamkeit schenken, wenn wir nicht anwesend sind? Unsere Präsenz, unser inneres Anwesendsein, ist die Voraussetzung für Interesse und echte Zuwendung. Ohne Präsenz bleibt jeder Kontakt und jedes Zuhören oberflächlich und führt nicht zu einer tieferen Verbindung. Auch wenn wir dem anderen vielleicht unsere Zeit schenken, ist ein Zuhören ohne Präsenz keine seelische Nahrung und letztlich werden beide Beteiligten unbefriedigt von dieser Kommunikation sein.

Wenn wir also wirklich zuhören wollen, ist das Erste, das wir uns fragen müssen, ob wir seelisch anwesend sind. Sind wir da? Sind wir anwesend und bereit für den anderen? Und wenn nicht: Womit sind wir innerlich beschäftigt? Und was ist nötig, um im Augenblick anzukommen?

Es gibt viele Momente in unserem Leben, in denen wir nicht anwesend sind. Vielleicht weil wir innerlich noch mit etwas anderem beschäftigt sind oder weil wir eigentlich gerade etwas anderes vorhatten oder weil wir uns innerlich gerade noch im Übergang von einer Situation zur nächsten befinden und uns seelisch wie in einer Zwischenwelt, einem Niemandsland, fühlen.

Was immer der Grund dafür ist, dass wir jetzt noch nicht ganz da sind, es ist wichtig, uns bewusst zu sein, dass Momente von Nicht-Präsenz ganz natürlich sind. Erst wenn wir uns erlauben, nicht präsent zu sein, können wir diese Momente bemerken, ohne uns dafür zu verurteilen. Dann brauchen wir sie auch nicht vor uns und vor anderen zu verstecken, sondern können sie mit innerer Freundlichkeit wahrnehmen und uns fragen: „Was braucht es gerade, um in dieser Situation seelisch anzukommen?"

Oft genügt es bereits, dass wir uns wohlwollend bewusst machen, wo wir innerlich gerade sind, und dies kurz aussprechen, um in einer Situation wirklich anzukommen. Manchmal braucht es auch eine längere Zeit oder ein inneres Erforschen, bis wir präsent sein können.

In jedem Fall ist es hilfreich, sich und dem anderen unsere Nicht-Präsenz einzugestehen und nicht einfach darüber hinwegzugehen und so zu tun, als ob wir da wären. Denn unsere Nicht-Präsenz wird in jedem Fall unterschwellig gespürt und führt häufig zu Frustration oder Missverständnissen, da die andere Person unser Nicht-Anwesendsein als Desinteresse interpretiert. Wenn wir jedoch offen mit unserer Nicht-Präsenz umgehen, muss dies das Gegenüber weder interpretieren noch persönlich nehmen.

- **Reflektiere, wie du es erfährst, wenn die andere Person anwesend ist oder nicht.**
- **Achte im Kontakt darauf, ob du selbst wirklich anwesend bist.**
- **Erforsche, wie du es erfährst, wenn du präsent bist.**
- **Kannst du vor dir und vor der anderen Person zugeben, nicht präsent zu sein?**

4 Offen sein

Das zweite zentrale Element bei der Praxis des Zuhörens ist unsere Offenheit. In gewisser Weise ist gerade Offenheit die größte Herausforderung für uns. Eine Herausforderung ist etwas, das schwierig umzusetzen ist. Es ist aber auch etwas, woran wir wachsen können.

Wahrscheinlich gibt es nichts anderes, woran wir als Mensch so reifen können, wie die Offenheit. Hier sind wir gezwungen, unsere innere Begrenztheit zu erkennen und sie Schritt für Schritt zu aufzuheben. Dabei findet nichts Geringeres statt als eine allmähliche Transformation unseres Egos, und gleichzeitig bringen wir uns immer mehr in Einklang mit der grenzenlosen Offenheit des Gewahrseins.

Das natürliche Gewahrsein kennt keine Selbstgrenzen. Es umfasst alles und ist reine Empfänglichkeit. Wie ein stiller, klarer Bergsee spiegelt sich alles Lebendige auf seiner Oberfläche. Dieser nimmt, wie ein Spiegel, ohne Unterschied alles in sich auf. Gerade weil er ohne Vorlieben ist, kann er sich unterschiedslos mit allem verbinden. Das ist wahre Offenheit.

Übertragen wir diese Metapher auf die Praxis des Zuhörens, bedeutet dies die Kunst, frei von Vorstellungen und Vorlieben, also vollkommen unvoreingenommen, der anderen Person zuzuhören. Eine solche unvoreingenommene Offenheit setzt voraus, dass wir uns selbst und unsere Sichtweisen, Bedürfnisse und Ziele für den Moment des Zuhörens beiseitestellen. Anders ausgedrückt: Wirkliches Zuhören in Offenheit kann nur geschehen, wenn es frei von uns selbst geschieht.

Offenheit fordert uns in unserer Selbstlosigkeit heraus. Insofern ist ganz entscheidend, dass wir uns bewusst sind, aus welcher Motivation heraus wir der anderen Person unsere Aufmerksamkeit schenken. Wollen wir sie letztlich überzeugen? Suchen wir die Aufmerksamkeit und die Anerkennung des anderen? Glauben wir schon von vornherein zu wissen, was für den anderen gut ist? Haben wir das Gefühl, die andere Person bereits zu kennen? Hören wir zu, um letztlich unsere Bedürfnisse zu befriedigen? Wollen wir dem Gegenüber in seiner Not helfen?

Welche Motivation auch immer uns bewegt, sie ist ein Spiegel unserer Innenwelt und verstellt oder verzerrt unsere Unvoreingenommenheit. Daher sind wir dem Wesen der Offenheit am nächsten, wenn wir aus einer Absichtslosigkeit heraus dem anderen unsere Aufmerksamkeit schenken.

Auch die Oberfläche des Bergsees ist absichtslos und frei von persönlicher Motivation. Erst dadurch kann sie vollkommen unverstellt und offen die Ganzheit des Lebens in sich aufnehmen und widerspiegeln.

Erst unsere Absichtslosigkeit und Unvoreingenommenheit kann die Ganzheit der anderen Person, das Sichtbare und das Unsichtbare, in sich aufnehmen und umfassen. Erst hier ist die andere Person frei, sich in ihrer Natürlichkeit zu zeigen und zu entfalten. Sie fühlt sich in ihrem Wesen gesehen und angenommen.

Eine solche Unvoreingenommenheit beim Zuhören zu verkörpern, erfordert, dass wir uns selbst in unseren Vorstellungen, Vorlieben und Motivationen immer besser kennenlernen und bereit sind, immer wieder das Eigene zurückzustellen zugunsten einer Offenheit, von der wir selbst und unser Gegenüber am meisten profitieren.

- **Wie erfährst du Gespräche, bei denen dein Gesprächspartner keine Offenheit im Zuhören hat und unterschwellig eine persönliche Motivation das Gespräch färbt?**
- **Wie erfährst du dich selbst im Zuhören, wenn du wirklich absichtslos und unvoreingenommen bist?**
- **Überprüfe dich immer wieder im Kontakt mit anderen Menschen, welche Motivation dich gerade leitet. Mach dir diese Motivation bewusst, ohne dich dafür zu verurteilen.**

5 Berührbar sein

Neben der Präsenz und einer bedingungslosen Offenheit braucht das Zuhören als drittes Grundelement unsere Berührbarkeit. Erst wenn wir uns als Mensch vom Gegenüber berühren lassen, beginnen wir die Welt des anderen nicht nur kognitiv, sondern vom Herzen her zu verstehen, und es kommt eine seelische Verbindung zustande.

Es geht also darum, bei der Praxis des Zuhörens nicht nur mit den Ohren und dem Verstand zuzuhören, sondern mit dem Herzen. Es ist die Fähigkeit von uns Menschen, eine Information nicht nur zu empfangen, sondern sie von innen her, also empathisch, mitzufühlen. Die Fähigkeit der Empathie ist ein zentraler Unterschied zwischen einem Computer und einem Menschen. Auch Computer können Informationen aufnehmen und verarbeiten, aber sie haben nicht die Fähigkeit, sich in die Welt eines anderen einzufühlen.

Menschen dagegen haben die Fähigkeit, sich in unterschiedlichste Erfahrungsräume eines anderen Menschen einzuschwingen und diese intuitiv in sich nachzufühlen, auch wenn sie selbst diese Erfahrung noch nicht gemacht haben. Da begegnen wir einem wildfremden Menschen und noch bevor die Person einen Satz gesagt hat, spüren wir intuitiv die Atmosphäre, die diesen Menschen umgibt. Oder ein alter Mann erzählt uns von seinen Erlebnissen im Krieg, und obwohl wir selbst nie im Krieg waren, steigen die Angst, die Spannung und die Not, die in dieser Zeit geherrscht haben, in uns auf.

Durch die Fähigkeit der Empathie, unserer menschlichen Berührbarkeit, verbinden wir uns mit der inneren Welt der anderen Person. Das spürt unser Gegenüber. Erst durch echte Anteilnahme – wir nehmen teil an der Welt des anderen – fühlt sich unser Gegenüber angenommen und in der Tiefe verstanden. Ohne diese Anteilnahme bleibt jede Kommunikation zwischen Menschen oberflächlich und letztlich distanziert. Die Welten berühren sich nicht wirklich.

Wie oft erleben wir Diskussionen, zum Beispiel in der Politik, in denen keine echte Anteilnahme und damit keine wirkliche menschliche Verbindung stattfinden? Und wie unbefriedigend sind solche Gespräche? Wie oft erleben wir Streitgespräche, in denen beide Parteien sich hinter ihren Verteidigungslinien verschanzt haben, tief eingegraben in ihren Schützengräben? Und obwohl solche Gespräche manchmal Stunden dauern, findet weder Verstehen noch Anteilnahme statt.

Empathie müssen wir nicht erst lernen. Es ist ein natürliches menschliches Potential, das uns von frühester Kindheit an begleitet und uns als soziales Wesen lernen lässt. Wir müssen lediglich die Bedingungen dafür herstellen, dass sich unsere natürliche Fähigkeit zur Empathie entfalten kann. Dazu braucht es nicht mehr als unsere Präsenz und unsere Offenheit.

Wenn wir nicht anwesend sind, kann unser Herz nicht mitschwingen. Und wenn wir nicht in Offenheit zuhören, sondern zum Beispiel bereits eine vorgefertigte Meinung über die andere Person haben, ist auch hier unser Herz gepanzert. Erst unsere Unvoreingenommenheit lässt einen Raum entstehen, in dem unsere menschliche Berührbarkeit, unser Herz und unsere Empathie frei schwingen und ihr Potential für die Verbindung zwischen Menschen entfalten können.

Neben unserer Präsenz und unserer Offenheit ist aber auch die Bereitschaft erforderlich, uns intuitiv mit der anderen Person zu verbinden, sie von innen her fühlen zu wollen. Es ist die Bereitschaft zu echter menschlicher Nähe und zu seelischer Intimität mit der anderen Person.

- **Erinnere dich an verschiedene Begegnungen und erforsche, wie du ein Gespräch mit Empathie und ein Gespräch ohne Empathie erfährst.**
- **Wie ist dein inneres Gestimmtsein in einem Moment von Empathie? Wie erfährst du dich dann innerlich?**

6 Resonanz geben

Zuhören ist eine Haltung der Empfänglichkeit und der Teilnahme. Wir öffnen uns und nehmen die Welt des anderen in uns auf. Dies ist keine Aktivität im eigentlichen Sinne, sondern setzt eine passive Grundhaltung, eine Haltung des Empfangens voraus. Und doch, gerade durch diese empfangende Haltung werden wir zum Resonanzfeld für die andere Person.

Ein Resonanzfeld nimmt eine Schwingung oder einen Impuls in sich auf, verstärkt ihn und macht ihn dadurch erfahrbar. Bei einem Saiteninstrument, wie zum Beispiel einer Laute, zupft der Musiker seine Melodie auf den Saiten und der Korpus der Laute nimmt diese Melodie in sich auf, lässt sie schwingen und verstärkt sie. Erst jetzt, durch die Resonanz der Laute, ertönt die Melodie des Musikers und lässt sich erfahren.

Möglich wird dies nur durch die Empfänglichkeit des Instruments und dessen Klangraum, der das Schwingen der Saiten in sich aufnimmt und es verstärkt wiedergibt. Zum einen findet ein wechselseitiger Prozess statt, an dem Musiker und Instrument teilhaben, und zum anderen entsteht dabei eine einzigartige Erfahrung, eine Musik.

Obwohl die Grundhaltung des Instruments eine passive ist, nämlich vollkommene Empfänglichkeit, gestaltet das Instrument als Resonanzfeld die Musik mit. Denn auf einem anderen Instrument gespielt, ergäbe ein und dieselbe Melodie des Musizierenden zwar die gleiche Grundmelodie, würde aber doch ganz anders klingen.

In der Empfänglichkeit des Zuhörens wird der Zuhörer, wenn er wirklich offen ist und die Musik des anderen in sich empathisch aufnimmt und schwingen lässt, zum Klangraum für die andere Person. Es entsteht dabei ein gemeinsamer, einzigartiger Prozess, in dem das Innenleben einer Person durch den Prozess des Zuhörens für beide Personen Gestalt annimmt und als Erfahrung sicht- und fühlbar wird.

Wenn wir uns als zuhörende Person als empathisches Resonanzfeld zur Verfügung stellen, haben wir die Fähigkeit, von diesem Ort der Berührbarkeit und der Teilnahme aus ein echtes Feedback zu geben. Ein echtes Feedback ist eine anteilnehmende Resonanz, die keine Aussage über unsere eigenen Sichtweisen, Bedürfnisse und Erfahrungen darstellt, sondern sich wirklich auf die Innenwelt der anderen Person bezieht, sodass sie sich in der Tiefe verstanden fühlt und letztlich sich selbst besser versteht.

Feedback geben ist eine große Kunst. Wir alle sehnen uns nach echtem Feedback, nach echter Resonanz auf unser Menschsein; wie oft aber erhalten wir stattdessen eine Geschichte aus dem Leben des anderen? Oder wir bekommen Ratschläge, werden belehrt oder analysiert, erhalten Lob oder Tadel.

Echtes Feedback ist frei von individuellen Meinungen und Erfahrungen der zuhörenden Person und entsteht aus einer selbstlosen Anteilnahme. Es ist eine natürliche Antwort der zuhörenden Person als mitschwingendes Resonanzfeld. Auch dieses Feedback ist letztlich keine Aktivität. Wir müssen nichts können oder lernen dafür, es entsteht als Resonanz auf die Impulse der anderen Person auf ganz natürliche Weise. Dies kann allerdings nur geschehen, wenn wir uns in die empfängliche Haltung eines Klangraumes begeben und uns auf diese Weise zur Verfügung stellen.

Visualisiere das Bild eines Saiteninstrumentes (wie z. B. einer Laute):

- **Stell dir vor, dieses Instrument von innen her mit deinem Körper und deiner Seele zu sein, und erforsche die Erfahrung, Klangraum zu sein.**
- **Wie erfährst du dich als Klangraum, wenn unterschiedlichste Melodien auf dir gespielt werden?**
- **Wie erfährst du dich als Klangraum, wenn du einem anderen Menschen in unterschiedlichen Stimmungen zuhörst?**
- **Welche Art von Feedback gibst du als Klangraum? Worauf verzichtest du?**

7 Mensch sein genügt

In vielen Berufen ist das Zuhören das tägliche Brot. Ob als Berater, als Sozialarbeiterin, als Arzt oder als Psychotherapeutin, in jedem helfenden Beruf ist die Grundlage das Zuhören. Aber auch in vielen anderen Berufen können wir unsere Tätigkeit nur ausführen, wenn wir zunächst aufmerksam zugehört haben. Jede Architektin muss zunächst die Bedürfnisse der Bauherren kennenlernen, um ein entsprechendes Haus planen zu können. Letztlich kann eine Dienstleistung, welcher Art auch immer, nur adäquat ausgeführt werden durch die Kunst des Zuhörens.

Professionelles Zuhören ist damit ein Grundelement vieler Berufe und wird für uns zu einer Selbstverständlichkeit, die uns tagtäglich begleitet. Beim professionellen Zuhören beziehen wir uns auf das Gegenüber aus einer bestimmten Rolle heraus. Wir hören als Ärztin zu oder als Architekt oder als Chefin. Ohne es zu merken, färbt unsere berufliche Rolle unsere Offenheit und unser Zuhören ein.

Wir alle bekleiden Rollen. Ob als Mutter oder Vater, ob im Beruf oder in Gemeinschaften, immer wieder gibt es lange Zeiträume in unserem Leben, in denen wir bestimmte Rollen ausfüllen und uns diese Aufgabe bestimmt. Eine Rolle, die wir längere Zeit einnehmen, wird zu einem Teil unserer Identität. Wir sind uns dann oft nicht mehr bewusst, dass wir eine Rolle einnehmen, sondern haben das Gefühl, diese Rolle zu sein.

Wie stark wir mit einer Rolle identifiziert sind, können wir spätestens dann erkennen, wenn wir gezwungen werden, eine Rolle wieder loszulassen. Wie erfahren wir es, wenn unsere Kinder aus dem Haus gehen und unsere Rolle als Mutter oder Vater nicht mehr gebraucht wird? Wie gelingt es uns, unsere berufliche Rolle im Alter hinter uns zu lassen?

Eine Rolle gibt uns innerlich Halt. Sie beinhaltet bestimmte Anforderungen, ist aber gleichzeitig auch ein Schutzraum, der uns eine klare

Stellung innerhalb einer Beziehung zuweist und uns einen bestimmten Wert verleiht. Wenn wir zum Beispiel die Rolle einer Ärztin bekleiden, dann können wir kraft dieser Rolle einem wildfremden Menschen ganz anders gegenübertreten und aufgrund dieser Rolle ohne Umschweife seine intimen Bereiche untersuchen. Ohne diese Rolle wäre diese unvermittelte Nähe in den intimsten Bereichen einer fremden Person undenkbar.

Doch auch wenn das Bekleiden von Rollen ein wichtiger Bestandteil von Beziehung ist und uns einen Schutzraum und damit Sicherheit und Wert vermittelt, ist die Identifikation mit einer Rolle gleichzeitig ein trennender Faktor. Rollen schaffen eine Struktur, lassen gleichzeitig aber auch Distanz zum Gegenüber entstehen. Dies wirkt sich auf die Qualität unseres Zuhörens aus. Wenn wir zum Beispiel als Lehrerin oder als Psychotherapeut zuhören, geht uns manches nicht so nah, wie wenn wir uns als Mensch berühren lassen.

Die Rolle bildet gleichsam einen Puffer zwischen mir und der anderen Person. Unbewusst filtert die Rolle unsere Wahrnehmung und wir beziehen uns nur noch auf die Aspekte des Gegenübers, die für unsere jeweilige Rolle relevant sind. Auf diese Weise entstehen eine Art Scheinbeziehung und eine Distanz, die uns als zuhörende Person in unserer Offenheit und Berührbarkeit als Mensch einschränkt. Ohne diese Unvoreingenommenheit und Empathie können wir aber nicht zum Resonanzfeld für die andere Person werden und können uns als Mensch nicht verbinden.

Zuhören als Praxis ist daher die Kunst, nicht aus einer Rolle heraus dem anderen zu begegnen und zuzuhören. Es ist die Kunst, nicht als Mutter, Psychotherapeut oder als Lehrerin zuzuhören, sondern als Mensch. Wir hören auch nicht als Frau oder Mann zu und auch nicht als „spiritueller Mensch“. Mensch sein genügt.

- **Welche typischen Rollen bekleidest du in deinem Leben?**
- **Erforsche den Schutzraum, den Halt und den Wert, den diese Rollen dir vermitteln.**
- **Wie erfährst du Zuhören aus einer typischen Rolle heraus?**
- **Wie erfährst du Zuhören als Mensch?**

8 Kennen wir uns wirklich?

Eine beliebte Art der Kommunikation ist der Austausch von Meinungen. In einer Diskussion vertreten wir Ideen, die sich bewusst oder unbewusst in uns zu bestimmten Themen gebildet haben, und die wir gerne als Standpunkt in den Raum stellen. Genauso wie bestimmte Rollen werden auch diese Ideen zu einem Teil unserer Identität.

Unabhängig davon, ob es eine politische Richtung ist, die wir vertreten, oder eine Weltanschauung, eine religiöse Vorstellung oder eine Überzeugung zu Erziehungsfragen, unsere Meinung wird zu einem unreflektierten Schutzschild, der nach außen hochgehalten wird und uns eine klare und sichtbare Identität verleiht. Wie auf einer Litfaßsäule, auf der nach außen Verlautbarungen kundgetan werden, aber deren Inneres im Dunkeln bleibt, können wir unsere Meinung lauthals vertreten und doch als Mensch verborgen bleiben.

Denn alle Meinungen sind nur Oberfläche. Das, was uns als Mensch ausmacht und letztlich zu einer bestimmten Meinung geführt hat, liegt dahinter verborgen. Alle Meinungen bilden sich aus den verschiedensten Erfahrungen, Bedürfnissen und Sichtweisen, mit denen wir in unserem Leben konfrontiert sind. Ängste, genauso wie beglückende Momente, die wir unbewusst idealisieren, können sich in unseren Meinungen ausdrücken. Bevor wir nicht den seelischen Hintergrund einer Meinung erfahren, kennen wir einen Menschen nicht wirklich.

Nicht einmal die vorgetragene Meinung können wir in der Tiefe verstehen, bevor der menschliche Hintergrund dazu sichtbar wird. Daher bleibt jeder oberflächliche Austausch von Meinungen in Diskussionen wie ein Gespräch, das in zwei Sprachen stattfindet. Man redet zwar miteinander, kann sich aber nicht wirklich verstehen.

Die Kunst des Zuhörens bedeutet daher, sich nicht von Meinungen beeindrucken oder hypnotisieren zu lassen, sondern offen und interessiert zu bleiben für die innere Welt eines Menschen hinter seiner Meinung. Wer ist die Person, die diese Meinung hat? Welche Erfahrungen hat sie in ihrem Leben gemacht? Was bewegt, was berührt sie wirklich? Wie ist ihre augenblickliche Verfassung? In welcher Lebensphase steht sie jetzt?

Meist kennt die Person den Hintergrund, der zu ihrer Meinung geführt hat, sogar selbst nicht. Erst im Prozess des Zuhörens schält sich allmählich die zugrunde liegende Erfahrung heraus. Die zuhörende Person schafft ein Resonanzfeld, in dem sich die Innenwelt des Gegenübers offenbart und für beide spürbar wird. Erst jetzt findet ein tieferes Verstehen statt, an dem beide im Prozess des Zuhörens und Erzählens Anteil haben.

Das gilt auch für uns selbst: Auch wir kennen den persönlichen Hintergrund der eigenen Meinungen nicht, bevor wir nicht selbst tiefer nach innen lauschen. Was haben wir also zu sagen, wenn wir nicht bereit sind, auch uns selber zuzuhören? Uns selbst und dem anderen?

- **Beobachte Gespräche: Findet dort ein bloßer Meinungsaustausch statt oder wird auch der Mensch hinter einer Meinung sichtbar?**
- **Wie erfährst du diese verschiedenen Arten von Gesprächen?**
- **Werde dir der Momente bewusst, wann du selbst eine Meinung oder einen Standpunkt kundtust, ohne dich wirklich zu kennen und zu zeigen.**
- **Was verändert sich im Kontakt, wenn du dir selbst tiefer zuhörst und dich als Mensch sichtbar machst?**

9 Innere Reife

Echtes Zuhören entsteht aus einem Raum von Offenheit. Nur wenn wir offen und unvoreingenommen sind, kann uns das Gegenüber in seine Innenwelt mitnehmen, und wir beginnen intuitiv, gleichsam von innen her, die Person zu verstehen. Die Praxis des Zuhörens fordert daher von uns, dass wir uns immer wieder an diesen Raum der Offenheit erinnern und ihn verkörpern.

Hier unterscheidet sich die Praxis des Zuhörens nicht von den beiden anderen Praxisformen. Immer sind wir aufgefordert, uns in einen Raum der Offenheit zu begeben, ihn zu erinnern und zu verinnerlichen. Wir bringen uns dadurch immer wieder in Einklang mit der bedingungslosen Offenheit unseres Gewahrseins.

Praxis heißt Offensein. Sie bedeutet aber auch, wach zu sein für die Momente, in denen wir unsere Offenheit verlieren. Gerade in Gesprächssituationen gibt es immer wieder Momente, in denen wir unvermittelt emotional auf das Gehörte reagieren. Plötzlich ärgert uns etwas oder wir reagieren verletzt. Auch wenn wir vielleicht äußerlich weiterhin scheinbar aufmerksam zuhören, verlassen wir innerlich die Haltung des Zuhörens und der Offenheit. Unsere Gedanken drehen sich um das, was uns ärgert oder verletzt.

Jede Form der emotionalen Reaktion trübt die Klarheit unseres Geistes. Wir können das vergleichen mit der Oberfläche eines Sees. Ist der See ruhig, kann sie alles ohne Unterschied in sich aufnehmen und widerspiegeln. Doch bereits beim geringsten Wellengang verzerrt sich das Bild und der See verliert seine Fähigkeit zu Offenheit und Klarheit.

Wenn uns bewusst ist, dass jegliche emotionale Reaktion unsere Offenheit und damit unser Zuhören eintrübt, dann besteht ein ganz wesentlicher Bestandteil der Praxis darin, aufmerksam zu sein, wann eine emotionale Reaktion geschieht. Wir können und müssen nicht verhindern, dass wir emotional reagieren, denn das ist ein unwillkürlicher Vorgang. Aber wir können es bemerken.

Dadurch haben wir die Möglichkeit, bewusst mit diesen Eintrübungen unserer Offenheit umzugehen. Der erste und wichtigste Schritt ist, uns selbst und dem anderen gegenüber wahrhaftig zu sein und uns die emotionale Reaktion zuzugestehen. Innerlich zu reagieren ist menschlich. Der Anspruch dagegen, immer offen zu sein und zu bleiben, ist ein Ideal und mit unserer menschlichen Natur nicht vereinbar.

Innere Reife bedeutet demnach nicht, keine emotionalen Reaktionen zu zeigen, sondern die Fähigkeit, diese Reaktionen im Ansatz zu bemerken und sich bewusst darauf zu beziehen. Das bedeutet in erster Linie, sich nicht unbewusst durch die Emotion bestimmen zu lassen und sie am anderen auszuagieren.

Es ist ein sehr großer Unterschied, ob wir aus einem Ärger heraus zuhören und sprechen oder ob wir benennen, dass Ärger in uns auftaucht. Ob wir uns innerlich durch eine Verletzung distanzieren oder ob wir benennen, dass uns gerade eine Verletzung besetzt. Im zweiten Fall übernehmen wir für die Emotion Verantwortung und schaffen einen Raum der Bewusstheit dafür. Dann steht sie nicht unterschwellig zwischen uns und der anderen Person. Der Raum der Offenheit im Zuhören wird dadurch nicht eingetrübt, sondern schließt die Emotion mit ein.

Wir können das vergleichen mit dem offenen weiten Himmel, an dem Gewitterwolken auftauchen. Wenn wir das Auftauchen der Gewitterwolken bewusst bemerken und sie mit unserer Offenheit und Bewusstheit umfassen, ist die Weite des Himmels auch mit Wolken nicht verstellt.

- **Erforsche, wie du den Raum der Offenheit erfährst.**
- **Sei in allen Gesprächssituationen sehr wach für die Momente, in denen eine emotionale Reaktion in dir auftaucht und du den Raum der Offenheit verlässt.**

10 Interpretation und Wahrheit

Unser Geist hat die Fähigkeit, aus Erfahrungen zu lernen. Er nimmt dazu die aktuelle Erfahrung, setzt sie in Beziehung zu ähnlichen, bereits gemachten Erfahrungen, interpretiert diese und bildet daraus schließlich geistige Landkarten, die uns unbewusst in unserem Leben Orientierung und Halt geben.

Dieser Vorgang der inneren Verknüpfung und geistigen Abstraktion läuft vollkommen automatisch in fast jeder Situation ab. Es ist ein Vorgang, bei dem wir aus dem unmittelbaren Kontakt mit dem Erlebten heraustreten und uns in einer Gedankenwelt von Interpretationen und Konzepten wiederfinden. Letztlich ist es der Versuch unseres Geistes, durch Verstehen das Leben zu kontrollieren und für uns handhabbar zu machen.

Doch der Preis dafür ist hoch. Mit jeder Interpretation oder geistigen Verknüpfung verlieren wir den unmittelbaren Kontakt zu den Dingen und auch das, was uns sinnlich, also von innen her, die Welt erfahren und verstehen lässt. Können wir eine Frucht dadurch verstehen, dass uns jemand erklärt, wie diese Frucht schmeckt, wie sie angebaut wird und aus welcher Pflanzenfamilie sie kommt? Gewiss geben uns diese Informationen eine Orientierung, aber sie ersetzen nicht die unmittelbare Erfahrung, die Frucht selbst zu kosten. Gedanken und Interpretationen nähren uns nicht. Sie ersetzen kein inneres Verstehen, das nur daraus erwachsen kann, dass wir uns mit den Dingen verbinden.

Auch die Praxis des Zuhörens ist die Kunst, uns mit dem Gegenüber intuitiv zu verbinden und seine Innenwelt fühlend tiefer und tiefer zu verstehen. Das bedeutet den bewussten Verzicht auf Interpretation und Analyse, denn durch jegliche geistige Abstraktion findet eine Distanzierung zum Gesagten und zum Gegenüber statt. Wir verlassen dabei den Raum der Empathie, stellen uns innerlich über die andere Person, um gleichsam aus der übergeordneten Perspektive das Gesagte zu- und einzuordnen.

Dieser Vorgang kann beim Zuhören bewusst oder auch unbewusst ablaufen. Vielleicht nutzen wir die Technik der Analyse als professionelle Zuhörer oder wir versuchen unbewusst, das Gesagte zu verstehen und in unsere eigenen Lebens- und Therapiekonzepte einzuordnen.

Bewusst oder unbewusst ist jede Interpretation eine geistige Zuordnung, die persönliche Vorerfahrungen und eine bestimmte Weltsicht voraussetzt. Jede Interpretation bewegt sich in einem geistigen Kontext. Dieser kann eng oder weit sein. Er kann verzerrt von Vorlieben und Idealen sein oder auch sehr bezogen auf konkrete und reale Erfahrungen. Jedoch ist eine Interpretation immer das Konstrukt einer geistigen Abstraktion und damit individuell und begrenzt. Sie beinhaltet keine endgültige und keine allgemeingültige Wahrheit.

Wie oft interpretieren wir Menschen und glauben daher, sie zu kennen? Wie oft werden wir von anderen interpretiert und fühlen uns dadurch missverstanden und alleingelassen? Letztlich verlassen wir im Vorgang des Interpretierens die unmittelbare, empathische Verbindung mit der anderen Person. Wir scheinen sie dann zwar einordnen zu können, aber wir kennen sie nicht von innen her. Jemanden von innen her zu kennen, setzt voraus, dass wir uns auf dessen Welt einlassen und sie von innen her fühlend wahrnehmen und nicht von oben herab betrachten und einordnen.

Sind wir uns bewusst, wie oft wir automatisch interpretieren und den Raum der Empathie verlassen? Ist uns klar, dass jede Interpretation eine begrenzte Gültigkeit besitzt und letztlich dem anderen Menschen nicht gerecht wird? Sind wir bereit, auf unsere Tendenz zur Interpretation zu verzichten?

- **Achte in Gesprächssituationen darauf, wann du den Raum der Empathie verlässt und zu interpretieren beginnst.**
- **Erforsche, was sich in dir und im Kontakt verändert, wenn du empathisch zuhörst oder wenn du interpretierst.**

11 Die Motivation des Helfens

Die heilsame Kraft des Zuhörens entfaltet sich in der empathischen Verbindung mit der Innenwelt der anderen Person. Das hat gerade dann eine besondere Bedeutung, wenn der Gesprächspartner eine tiefe Not fühlt und keinen Ausweg daraus sieht.

Vielleicht hat jemand gerade einen Verlust erfahren, fühlt sich verletzt oder befindet sich in einer Lebenskrise. Was immer der konkrete Anlass für die innere Not ist, sie wirft die Person auf sich selbst zurück. Sie fühlt sich einsam, verlassen und ohnmächtig. In jeder Not sehnen wir uns nach jemandem, der uns annimmt und beisteht.

Einem Menschen in seiner Verzweiflung oder seiner inneren Einsamkeit beizustehen, ist allerdings sehr anspruchsvoll. Viele Menschen halten das Leiden und die Ohnmacht, die darin liegt, nicht aus. Entweder vermeiden sie dann den Kontakt oder sie versuchen, der leidenden Person zu helfen, und überschütten sie mit Ratschlägen und Trost.

Immer wieder erzählen mir Menschen in Krisen, dass selbst nahe Freunde und Verwandte sie in der größten Not innerlich oder äußerlich alleingelassen haben. Meistens sind es nur einige wenige, die die Fähigkeit haben, uns in der Krise beizustehen.

Jemandem beistehen bedeutet nicht, der Person zu helfen. Im Gegenteil. Die Motivation, jemandem in der Krise zu helfen oder sogar zu retten, entspringt meist aus einer Abwehr. Wir halten den Schmerz und die Ohnmacht des anderen nicht aus und versuchen aus diesem Grund, sie aus dem Sumpf ihrer Gefühle und der Aussichtslosigkeit der Situation zu ziehen.

In diesem Augenblick sind wir wie ein kleines Kind, das den Schmerz der Mutter nicht erträgt und alles daran setzt, dass es der geliebten Person wieder besser geht. Abgesehen davon, dass das nicht in unserer Macht liegt, geschieht durch den Vorgang des Helfenwollens eine Trennung. Wir wehren das Leiden des anderen ab und verlassen dadurch die empathische Verbindung mit der Innenwelt der leidenden Person.

Wenn wir einem Menschen in Not wirklich beistehen wollen, gibt es daher keine andere Möglichkeit, als unser Herz für die Verzweiflung und die Ohnmacht der Person zu öffnen. Das setzt jedoch voraus, dass wir der Not des anderen zustimmen. Erst dann haben wir die Offenheit, uns empathisch mit dem Erleben der anderen Person zu verbinden, und erst dann wird die leidende Person das Gefühl haben, nicht in ihrer Not alleingelassen zu werden.

Die Praxis des Zuhörens ist ein Akt der Liebe und des Teilnehmens. Ihre Heilkraft in Beziehungen kann sich aber nur entfalten, wenn das Zuhören frei von jeglicher Motivation geschieht, sogar frei von der Motivation, dem anderen helfen zu wollen. Bereits diese sogenannte „positive" Motivation färbt unsere Fähigkeit zur Teilnahme ein und trübt unsere Offenheit.

Um einem Menschen in Not absichtslos beistehen zu können, müssen wir selbst in Frieden sein mit der Not, der Einsamkeit und der Ohnmacht in uns. Erst dann sind wir in der Lage, unser Herz und unser Mitgefühl bedingungslos für uns und für andere Menschen zu öffnen.

- **Erinnere dich an Situationen, in denen du selbst in Not warst. Was hast du in diesem Augenblick wirklich von anderen Menschen gebraucht? Wie hast du es erfahren, wenn andere Menschen deine Not nicht ausgehalten haben, und wie, wenn andere dir wirklich beistehen konnten?**
- **Achte im Zuhören von leidenden Menschen darauf, wo du beginnst, dem anderen helfen zu wollen, und die empathische Verbindung mit der Not des anderen verlässt.**

12 Wenn wir angegriffen werden

Die Praxis des Zuhörens ist besonders bedeutsam und anspruchsvoll im Konfliktfall. Nur durch das gegenseitige Zuhören kann ein wechselseitiges Verstehen stattfinden und können Verstrickungen gelöst werden. Gleichzeitig können wir beobachten, dass nirgends so wenig zugehört wird wie während eines Konflikts.

Es wird argumentiert, gestritten, sich verteidigt und gerechtfertigt. Es hagelt Vorwürfe und Schuldzuweisungen, doch nur selten entsteht der Raum, sich einfach nur zuzuhören. Das hat sicherlich damit zu tun, dass uns ein Konflikt am stärksten in unserer Egostruktur herausfordert.

Kaum macht jemand einen unterschwelligen Vorwurf, schon laufen alle Verteidigungsmechanismen in uns auf Hochtouren und wir sind nur noch damit beschäftigt, den vermeintlichen Angriff auf unsere innere Integrität und unseren Wert abzuwehren. Dabei spielt es keine Rolle, welche Art von Verteidigungsstrategie wir anwenden. Ob wir selbst mit Vorwürfen zurückschießen, ob wir uns beleidigt in der Ecke verkriechen oder ob wir uns ständig erklären und rechtfertigen, in jedem Fall gibt es weder den Raum, das Gegenüber tiefer zu hören und zu verstehen, noch sich selbst wahrhaftig zu zeigen.

Mit anderen Worten, durch jegliche Art der Verteidigung werden wir tiefer und tiefer in den Sumpf der Verstrickung hineingezogen. Erst wenn es uns gelingt, unser Ego und unsere Verteidigungsstrategien beiseitezustellen und wieder einen Raum des aufrichtigen Zuhörens zu schaffen, wird sich auch unser Gegenüber wieder entspannen, je mehr er das Gefühl hat, in seinem Anliegen von uns verstanden und angenommen zu sein.

Was gibt uns die Möglichkeit, auch im Falle eines Vorwurfs, einer Kritik oder eines Konflikts in unserer Mitte zu bleiben und den offenen

Raum des Zuhörens zu halten? Das kann uns nur gelingen, wenn wir den Angriff nicht persönlich nehmen. Wie heftig auch immer ein Angriff erfolgt und welche Bewertung er auch immer enthält, er ist nur die oberflächliche Entladung einer Spannung wie die Eruption eines Vulkans. Das eigentliche Anliegen, das das Gegenüber bewegt, liegt dahinter verborgen.

Können wir also durchlässig sein für die oberflächliche Entladung einer Spannung, ohne sie persönlich zu nehmen? Können wir, wenn die Entladung zu heftig ist, innerlich einfach einen Schritt zur Seite machen wie das tapfere Schneiderlein, als es gegen das Einhorn kämpfte? Können wir den Vorwurf vorbeiziehen lassen und offen und interessiert bleiben für das Eigentliche, das die andere Person bewegt, und woraus der Vorwurf entspringt?

Diese Haltung der Durchlässigkeit ist nur in einer Selbstlosigkeit möglich, in der wir die Fähigkeit haben, uns selbst, unsere Anliegen, unsere Bedürfnisse, unsere Vorstellungen und unsere Wichtigkeit zeitweise zurückzustellen. Das Fundament echter Selbstlosigkeit ist die Selbstannahme, ein grundlegendes Gefühl von In-Ordnung-Sein in all unserer menschlichen Unvollkommenheit. Je tiefer die Selbstannahme verinnerlicht ist, desto weniger fühlen wir uns durch Vorwürfe und Kritik angegriffen und umso weniger sehen wir uns gezwungen, unseren Wert und unser Sosein zu verteidigen.

Konfliktsituationen sind daher wichtige Barometer für unsere Selbstlosigkeit und unsere Selbstannahme. Hier können wir an der Heftigkeit unserer Verteidigungsstrategien oder aber an der Gelassenheit und Durchlässigkeit für Vorwürfe ablesen, wie sehr wir noch im Ego verhaftet sind oder wie viel Selbstlosigkeit wir bereits verwirklicht haben.

- **Erinnere dich an Konfliktsituationen: Welches sind deine typischen Verteidigungsstrategien? Wann springen diese an? Was genau in dir willst du dadurch schützen? Welche Wirkung hat deine Verteidigungsstrategie in dir und im Kontakt?**
- **Erforsche, wie du dich im Konfliktfall verhalten könntest, wenn du tief in dir wüsstest, dass das, was du verteidigen willst, absolut in Ordnung wäre?**

13 Der innere Raum

Wirkliches Zuhören kann nur aus einem inneren Raum heraus geschehen. Es ist ein Zustand einer grundlegenden Gelassenheit, bei der wir alles, was im anderen und auch in uns beim Zuhören geschieht, umfassen können. Wie der weite offene Himmel alle Wolkenformationen in sich aufnimmt und umfasst, genauso gibt es in uns den Raum des Gewahrseins, der die Fähigkeit hat, ohne Unterschied alles in sich aufzunehmen, und der trotzdem in seiner Offenheit und Ausdehnung nicht begrenzt ist.

Wenn wir wach und sensibel unseren seelischen und körperlichen Zustand wahrnehmen, spüren wir unmittelbar, ob wir uns innerlich in einer Geräumigkeit befinden oder ob wir unter Druck stehen und uns eine geistige oder körperliche Verengung besetzt. Wir können daran sofort ablesen, ob wir uns innerlich im Raum des Gewahrseins aufhalten oder ob uns gerade das Ego vereinnahmt.

Das Ego beengt. Es ist der Vorgang der Identifikation. Immer wenn wir uns mit etwas identifizieren, gleich ob mit einer Vorstellung oder einem Selbstbild, mit einem Bedürfnis oder einer Vorliebe, mit einer Beziehung oder einem Land, bewirkt dies letztlich eine spürbare körperlich-seelische Kontraktion, ein Verklebtsein mit den Dingen. Allerdings spüren wir das erst, wenn eine latente Identifikation aktiviert wird.

Wenn wir zum Beispiel mit dem Selbstbild identifiziert sind, schön zu sein, wird diese Identifikation uns so lange in Ruhe lassen und zu keiner Verengung führen, bis wir alt werden oder damit konfrontiert werden, für andere nicht mehr attraktiv zu sein. Dann wird die latente Identifikation mit äußerer Attraktivität aktiviert und wir verlieren unseren inneren Raum. Jeder Moment unseres Lebens, in welchem wir unter Druck geraten, uns eine innere Spannung besetzt oder wir eine körperlich-seelische

Kontraktion fühlen, ist daher ein Ausdruck einer aktivierten Identifikation.

Ist eine Identifikation aktiv, schränkt sie auch unsere Fähigkeit zur Bewusstheit ein. Wir sind dann beispielsweise so stark mit einer Idee verklebt, dass wir nicht mehr die Freiheit haben, auch andere Perspektiven gelten zu lassen und sie einzunehmen. Daher wird durch jede Identifikation unsere Fähigkeit eingeschränkt, anderen unvoreingenommen und empathisch zuzuhören.

Erst wenn wir die Identifikation mit einer Denkweise klar sehen und als eine innere Beschränkung, als ein Verklebtsein unserer Bewusstheit erkennen, können wir dafür Verantwortung übernehmen und uns innerlich wieder weiten. Wenn allerdings die Identifikation sehr tief ist, sind wir so stark von der Richtigkeit oder Notwendigkeit dieser Denkweise überzeugt, dass es sehr lange dauern kann, bis wir uns endlich eingestehen, dass die Begrenztheit und die Fixierung auf diese Denkweise das eigentliche Problem ist und wir nur freier werden, wenn sich diese Fixierung löst.

Die Praxis des Zuhörens bedeutet, dass wir uns aus der Weite und der Unvoreingenommenheit des Gewahrseins heraus dem anderen zuwenden. Es bedeutet aber auch, wach zu sein für die Momente, in denen wir uns innerlich verengen und Identifikationen uns besetzen. Dann können wir für diese innere Begrenztheit Verantwortung übernehmen und sie kraft unserer Bewusstheit Stück für Stück transformieren.

Durch nichts werden unsere Identifikationen so häufig herausgefordert wie durch Beziehungen. In der Abgeschiedenheit und dem geschützten Raum eines Schweigeretreats haben wir vielleicht manchmal das Gefühl, die Selbstlosigkeit und Weite des offenen Gewahrseins verwirklicht zu haben. Wie stark wir das verwirklicht haben, wird sich aber erst in den vielfältigen Begegnungen unseres Alltags zeigen.

- **Spüre immer wieder in Gesprächssituationen, ob du einen inneren Raum spürst oder ob du verklebt und verengt bist.**
- **Nimm dir die Zeit, Momente der Identifikation mit Bewusstheit anzureichern. Welche Vorstellung bewirkt die Verengung?**

14 Mitgefühl und Durchlässigkeit

Zuhören kann nur aus einem inneren Raum heraus geschehen. Dann erst entsteht eine Durchlässigkeit für die innere Welt des Gegenübers. Die Botschaften und das Erleben der anderen Person können in uns schwingen und uns berühren, ohne dass wir das Gesagte persönlich nehmen oder in irgendeiner Weise daran anhaften.

Besonders deutlich wird das Element der Durchlässigkeit in der Praxis des Zuhörens, wenn es darum geht, der Not eines anderen Menschen mit unserem offenen Herzen zu begegnen. Nehmen wir mitfühlend Anteil und spüren weiterhin innerlich einen Freiraum oder reagieren wir mit Mitleid und verlassen im Anschluss das Gespräch innerlich bedrückt?

Mitgefühl und Mitleid sind ähnliche Qualitäten, unterscheiden sich jedoch bei genauerer Betrachtung grundlegend. Beide entstehen aus einer Herzensöffnung. Aber während Mitgefühl ein offenes Herz mit Durchlässigkeit verbindet, haftet das Mitleid am Schmerz des anderen an. Die Folge ist, dass wir uns mit diesem Leiden identifizieren, es unsere Stimmung einfärbt und nachhaltig besetzt.

Erinnern wir uns noch einmal an die Metapher der Laute. Der Klangraum einer Laute kann eine tieftraurige Melodie in sich aufnehmen, verstärken und in sich schwingen lassen, ohne daran anzuhaften. Die Melodie schwingt noch einen Augenblick nach, verklingt und dann öffnet sich wieder dieser weite und unberührte Raum, der bereit ist, eine neue Melodie in sich aufzunehmen.

Können wir uns vorstellen, was geschehen würde, wenn eine Laute an einer bestimmten Melodie anhaftete und diese nicht mehr freigäbe? Die Melodie in ihrem Klangraum festhielte und in einer Endlosschleife wiederholte? In diesem Moment wäre sie besetzt und in sich gefangen.

Sie würde sich vom Musizierenden abkoppeln und verließe die empfangende Grundhaltung eines Instruments.

Das Gleiche passiert beim Zuhören, wenn wir die Durchlässigkeit verlieren und uns mit dem Leiden des anderen identifizieren. Wir sind dann innerlich besetzt. Bereits im Gespräch verlassen wir die Haltung des Empfangens, da wir im Mitleid mit uns und unseren Gefühlen beschäftigt sind. Wie können wir noch zuhören und empfänglich sein, wenn wir in uns gefangen sind?

Manche Menschen neigen sehr stark zum Mitleid. Sie identifizieren sich so tief mit dem Leiden anderer Menschen, dass diese Neigung ihnen viel Lebensenergie raubt und sie oft noch lange Zeit nach einem Gespräch damit beschäftigt sind. Diese Menschen sind meistens der Ansicht, dass sie *zu* durchlässig für das Erleben von anderen seien und dass sie lernen müssten, sich mehr abzugrenzen. Eigentlich sind sie jedoch *zu wenig* durchlässig für das Leiden anderer. Sie haften zu sehr an und identifizieren sich mit dem Leiden. Das hat meistens damit zu tun, dass sie einerseits Menschen mit einer hohen Sensitivität und Fähigkeit zur Empathie sind und andererseits selbst große Not als Kind erfahren haben und unbewusst damit noch nicht im Frieden sind. Solange sie nicht ihrer eigenen inneren Not zustimmen können, können sie auch nicht für die Not im Allgemeinen durchlässig werden. Jeder Versuch einer Abgrenzung wird das Problem nicht in der Tiefe lösen können und die Neigung zum Mitleiden bleibt bestehen.

Können wir der eigenen Not zustimmen? Können wir auch der Not und dem Leiden in dieser Welt als einer grundlegenden Wahrheit unseres Menschseins zustimmen? Können wir unser Herz dafür öffnen und mit dieser Tatsache in Offenheit einfach verweilen?

- **Achte in Gesprächssituationen, in denen sich ein Mensch in seiner Not offenbart, auf folgende Punkte: Wann verlässt du die Haltung der Empathie und des Mitgefühls? Wann verschließt du dein Herz? Wann glaubst du, handeln zu müssen? Wann beginnt das Mitleiden?**
- **Erforsche, wie du innerlich Mitgefühl in Verbindung mit Durchlässigkeit erfährst.**

15 Was wissen wir schon?

Kennen wir Menschen wirklich? Kennen wir unseren Nachbarn, der immer so missmutig dreinschaut? Kennen wir den griechischen Kollegen, der unsere Meinung über die Griechen im Allgemeinen zu bestätigen scheint? Kennen wir unsere Tochter, unseren Sohn wirklich?

Wir glauben immer wieder zu wissen, wie bestimmte Menschen sind. Nach kurzer Zeit bilden wir uns eine Meinung über andere, nicht selten sogar über ganze Menschengruppen. Vielleicht haben wir eine Meinung über eine bestimmte Nationalität oder über Menschen, die ein bestimmtes Hobby miteinander teilen. Doch jede Meinung begrenzt uns in unserem Interesse und verstellt unsere Unvoreingenommenheit.

Es gibt Meinungen, die der Realität des anderen Menschen sehr nahe kommen, und es gibt Meinungen, die vor allem Vorurteile, Verallgemeinerungen und Projektionen enthalten. Doch in jedem Fall wird eine Meinung dem anderen nicht gerecht, da sie das Endprodukt von bestimmten Vorerfahrungen und Interpretationen ist und die andere Person festlegt. Natürlich kann eine Meinung eine andere Person nicht wirklich festlegen, denn diese ist und bleibt lebendig. Was sie jedoch festlegt, ist unsere Perspektive auf die andere Person.

Eine Meinung lässt unseren Geist starr werden und schirmt uns gegen die lebendige Wirklichkeit, die sich fortwährend ändert, ab. Als ließen wir die lebendige Bewegung des Wassers zu einer starren Formation aus Eis gefrieren, so sind auch unsere Meinungen über andere Menschen erstarrte Bilder von Erfahrungen.

Die Schwierigkeit besteht jedoch darin, dass wir uns dieser geistigen Fixierung nicht bewusst sind, sondern oft genug sogar denken, dass unsere Meinungen über andere Personen wahr seien und wir diese mithilfe unserer Meinungen verstünden. Solange wir das glauben, kann kein echter Dialog stattfinden. Das betrifft sowohl den Dialog zwischen Ehepartnern als auch den Dialog zwischen Nachbarn und sogar den Dialog zwischen Völkern und Religionen.

Um in einen wirklichen lebendigen Austausch einzutreten, müssen wir bereit sein, unsere Meinungen und Vorstellungen über den anderen loszulassen und uns von einem Ort des Nicht-Wissens aus zu beziehen. Das setzt voraus, dass wir grundsätzlich Meinungen als das sehen, was sie sind: als eine erstarrte Perspektive, die, wenn überhaupt, eine Teilwahrheit über das Gegenüber beinhaltet. Erst wenn wir das klar sehen, kann in uns die Bereitschaft wachsen, zu sehen, wie uns Meinungen über andere verschließen, und zu bemerken, wann sie in uns auftauchen.

Meinungen werden sich immer wieder neu bilden. Wir können sie nicht abschaffen. Aber wir können sie als solche entlarven und uns nicht davon im Kontakt leiten lassen, sondern uns immer wieder für den lebendigen Menschen, der uns gegenübersitzt, zuhörend öffnen und interessieren.

Eine Hilfe dazu kann sein, dass wir uns jedes Mal zu Beginn der Praxis des Zuhörens an die Haltung des Nicht-Wissens und der absoluten Unvoreingenommenheit anbinden, indem wir uns innerlich sagen: „Ich weiß nicht, wer dieser Mensch, der mir gerade gegenübersitzt, wirklich ist.“ Wir legen alle inneren Ideen und Bilder über diesen Menschen ab und schauen mit neuen Augen.

Können wir so unserer Tochter oder unserem Sohn begegnen? Können wir so dem Nachbarn oder dem Kollegen gegenübertreten? Können wir uns so einem Menschen mit einer anderen Nationalität oder Religion öffnen?

- **Betrachte eine nahe Beziehung und reflektiere darüber, welche Meinungen du über die andere Person hast. Untersuche auch, welche Wirkung diese Meinungen im konkreten Kontakt haben.**
- **Erinnere dich immer wieder zu Beginn eines Gesprächs an die Haltung des Nicht-Wissens und nimm dir einen Augenblick Zeit, in das Nicht-Wissen einzutauchen.**

16 Kann man schnell zuhören?

Das moderne Leben ist schnell und durchgeplant. Die moderne Kommunikation ist heutzutage davon geprägt, dass wir sofort alle Nachrichten erhalten und direkt darauf antworten können. Nie zuvor waren wir so vernetzt und nie zuvor hatten wir die technischen Möglichkeiten, auf verschiedenste Weise sofort zu reagieren.

Doch nicht nur Schnelligkeit zeichnet das moderne Leben aus, sondern auch Effektivität. Technik und Computer führen zu einer immer größeren Effektivität in allen Lebensbereichen. Der Einzelne kann in kürzester Zeit viel mehr in seiner Arbeit und Freizeit bewegen, als es früher der Fall war. Dies hat zur Folge, dass der moderne Mensch die Quantität und Schnelligkeit seines Lebens nur durch eine enge Zeittaktung in den Griff bekommt.

Bei all der Effektivität könnte man denken, dass uns heute mehr Zeit für Freizeit, Erholung und Muße zur Verfügung stünde. Das Gegenteil ist jedoch der Fall. Die Möglichkeiten des modernen Lebens, seine Schnelligkeit und Verplantheit vereinnahmen uns immer mehr und führen zu kollektiven Symptomen wie zum Beispiel dem Burn-out.

Das ist nicht verwunderlich, denn durch Effektivität und Schnelligkeit kann zwar viel produziert werden, aber unsere menschliche Seele bekommt in solch einem Klima keine Luft mehr zum Atmen. Ohne Zeiten der Muße und des Sich-treiben-Lassens kann sich keine Kreativität entfalten und wir haben nicht den Raum, uns in der Tiefe berühren zu lassen. Effektivität und Schnelligkeit machen das Leben oberflächlich.

Dies betrifft auch unsere menschlichen Kontakte. Je schneller und je häufiger wir kommunizieren, desto oberflächlicher wird der Austausch. Daher führt die moderne Angewohnheit, ständig und möglichst schnell mit vielen Menschen über E-Mail und SMS zu kommunizieren, zwar zu dem Gefühl, immer in Verbindung zu stehen, aber in Wirklichkeit zu einer seelischen Vereinsamung.

Das merken wir allerdings erst nach einer ganzen Weile, wenn wir zur Ruhe kommen und fühlen, wie wir innerlich förmlich ausgetrocknet sind. Was die Seele nährt, ist nämlich nicht die Menge an Kontakt, sondern die Qualität und die Tiefe, die in einem Kontakt entstehen. Diese Tiefe wiederum braucht Zeit.

Kann man schnell zuhören? Kann man sich selbst auf die Schnelle in der Tiefe fühlen und davon etwas zeigen? Erst wenn ein innerer Raum der Muße entsteht, ohne Zeitdruck und ohne Funktionalität, kann die Seele in ihre Tiefen tauchen, sich dort schöpferisch entfalten und sich darin zeigen. Auch die Praxis des Zuhörens kann ihre heilsame Wirkung erst dann entfalten, wenn wir losgelöst von Zeitdruck einen inneren Raum schaffen, in welchem wir die Möglichkeit haben, der anderen Person eine vertiefte Aufmerksamkeit zu schenken.

Einen inneren Raum der Muße und der vertieften Wahrnehmung zu schaffen, in dem wir uns ohne Zeitdruck für die andere Person öffnen, bedeutet jedoch nicht gleichzeitig, dass wir der anderen Person ohne zeitliche Begrenzung zuhören. Es kann im Gegenteil für ein vertieftes Zuhören hilfreich sein, einen klaren und angemessenen Zeitrahmen zu schaffen. Diese äußere Struktur kann sehr dazu beitragen, innerlich frei von jedem Zeitdruck der anderen Person unsere Aufmerksamkeit zu schenken. Außerdem findet durch den äußeren klaren Zeitrahmen eine Verdichtung statt, in der sich sowohl die Qualität des Zuhörens als auch die des Sich-Zeigens intensiviert.

- **Betrachte dein Leben: Wie viele Räume der Muße gibt es darin? Wie viele Räume der Muße (Räume ohne Zeitdruck und ohne Plan) hast du mit anderen Menschen?**
- **Achte beim Zuhören auf deine innere Haltung: Soll das Gespräch möglichst schnell zu Ende gehen? Soll etwas Bestimmtes dabei herauskommen?**
- **Erforsche das innere Erleben von Muße – ein Losgelöstsein von Zeit und Zeitdruck.**

17 Friedensarbeit

Wie oft erscheint uns etwas fremd? Vielleicht das Kopftuch einer Muslimin, eine Extremsportart, eine ungewöhnliche spirituelle Praxis oder Glaubensvorstellung, eine Verhaltensregel einer anderen Kultur, eine sexuelle Orientierung oder eine Liebe zu Waffen. Diese Liste ließe sich unendlich fortsetzen. Jeder Mensch hat seine eigene Liste mit Fremdheiten und seine eigene Art, mit diesen Dingen umzugehen.

Vielleicht vermeiden wir innerlich oder äußerlich den Kontakt, vielleicht entwerten oder beschimpfen wir das Fremde, vielleicht bekämpfen wir es sogar und versuchen es auszumerzen. Vielleicht bemühen wir uns, den anderen davon zu überzeugen, dass er irrt oder wir versuchen das Fremde zu analysieren. Wie auch immer wir innerlich oder äußerlich damit umgehen, das Fremde wird ein Teil des Lebens und damit auch unseres Lebens bleiben.

Sobald wir erkannt haben, dass wir das Fremde nicht loswerden können, gibt es nur noch eine sinnvolle Möglichkeit, damit umzugehen, nämlich uns dem Fremden zuzuwenden. Wir werden überrascht sein, wie viele neue Perspektiven und Facetten von Lebendigkeit wir dabei entdecken können.

Jede noch so kleine Befremdung weist uns auf eine Selbstgrenze hin. Eine Selbstgrenze bezeichnet die Grenze unserer Identität, eine Grenze dessen, was wir glauben zu sein. Es gibt unendlich viele Facetten von Lebendigkeit eines Menschen und alle sind potentiell in unserer menschlichen Seele vorhanden. Aber aufgrund unserer familiären und kulturellen Prägung entwickeln wir eine bestimmte Identität, innerhalb derer wir uns bewegen. Alle anderen Facetten von Menschsein, die ebenfalls in unserer Seele potentiell möglich sind, werden nicht gelebt oder ausgeklammert. Sie sind uns ungewohnt, nicht vertraut und erscheinen uns fremd, manchmal sogar bedrohlich.

Wenn wir nun auf jemanden stoßen, der etwas lebt, das nicht in den vertrauten Rahmen unserer Identität passt, erscheint uns das als fremd. Automatisch beginnen Abwehrmechanismen in uns zu arbeiten, um unsere Identität zu schützen. Doch Abwehr bedeutet immer auch Kampf. Wir führen dabei einen subtilen Kriegszug gegen das Fremde und merken gar nicht, dass wir uns eigentlich gegen etwas in uns selbst zur Wehr setzen.

Da die Abwehrmechanismen unserer normalen Identität automatisch und oft unbewusst ablaufen, braucht es eine bewusste Entscheidung unsererseits, mit der Abgrenzung und dem Kampf gegen das Fremde aufzuhören und uns zuhörend zuzuwenden. Nur im empathischen Zuhören werden wir mit dem Fremden vertraut und können ein echtes Verständnis für diese Facette des Menschseins entwickeln. Denn nur durch das Einfühlen in die Innenwelt einer für uns seltsamen äußeren Erscheinung offenbart sich uns die Menschlichkeit darin. Und nur wenn wir diese Menschlichkeit in dieser fremden Erscheinungsform erfahren, werden wir spüren, dass sie auch ein Teil unseres Menschseins ist.

Jedes Mal, wenn wir uns für eine Fremdheit öffnen und ihre Innenwelt als unsere Eigene erfahren, wird sich die Grenze unserer Identität etwas ausweiten und unsere Verbundenheit mit dem Leben zunehmen. Dies ist wahrscheinlich die grundlegendste Art der Friedensarbeit, die wir leisten können.

- **Was an anderen in deiner Umgebung erscheint dir fremd? Wie gehst du damit typischerweise innerlich oder äußerlich um?**
- **Experimentiere damit, diese Menschen tiefer kennenzulernen: Wie ist die Innenwelt hinter der fremden Erscheinungsform? Was ist das Menschliche daran? Wie verändert das Verständnis für die Innenwelt des anderen dich selbst?**

18 Das heilende Feld der Annahme

Das Wesen des Zuhörens ist die Annahme. Im empathischen Zuhören öffnen wir uns für einen anderen Menschen und umfassen ihn mit unserer wohlwollenden Aufmerksamkeit. Auch wenn wir durch diese Haltung des Empfangens keinen direkten Einfluss auf die Welt des anderen nehmen, auch wenn wir keine Lösungen, Ratschläge oder Weisheiten anbieten, hat Zuhören doch eine grundlegend heilsame Wirkung.

Zuhören wirkt, als ob wir unser Haus für die andere Person öffnen und sie hereinbitten: „Komm herein. Du bist willkommen. Du bist hier aufgenommen, so wie du bist." Mit dieser Botschaft öffnen wir unsere Tür und bieten der anderen Person die Wärme und Geborgenheit unseres Hauses an. Wenn die Person diese Einladung annimmt und das Haus betritt, taucht sie in ein Feld von Aufmerksamkeit und Empathie ein. Sie spürt, dass sie respektiert und angenommen ist.

Unabhängig davon, wie es der Person im Augenblick geht, ob sie freudig oder traurig gestimmt ist, fühlt sie sich grundlegend angenommen und kann sich in ihrer Ganzheit entspannen. Das hat immer eine heilsame Wirkung. In einem Feld der Annahme entspannen wir uns bis in die Tiefe unserer Seele und fühlen, dass wir in unserer Ganzheit als Mensch mit allem, was zu uns gehört, in Ordnung sind.

Dieser Aspekt von Heilung ist viel bedeutsamer als jede oberflächliche Lösung eines Problems. Abgesehen davon schenkt diese Art des Zuhörens beiden Gesprächspartnern eine Freiheit. Als Zuhörender muss ich keine Lösungsideen oder Weisheiten für die andere Person bereit haben. Meine empfangende Haltung genügt. Und auch als Person, die sich mitteilt, darf ich genau so sein, wie ich bin. Das ist wohl die größte Freiheit, die wir im Kontakt empfinden können.

Dieses Feld der Annahme öffnet sich erst im unvoreingenommenen und empathischen Zuhören. Umgekehrt gibt es kein echtes Zuhören ohne Annahme. Zuhören ist Zuwendung, ein Hineinfühlen in die Welt des anderen. Ohne Annahme ist dies nicht möglich.

Wie hören wir einer Person zu, die wir ablehnen? Wie sehr öffnen wir uns für ein Bedürfnis eines anderen Menschen, wenn wir dieses Bedürfnis grundsätzlich für falsch halten? Jede Abwehr und jede Abneigung bewirkt eine Trennung zwischen uns und dem Gegenüber und verengt oder verzerrt unsere Wahrnehmung. Ohne eine interessierte und annehmende Haltung können wir nicht unvoreingenommen hinschauen und unsere menschliche Fähigkeit zur Empathie ist blockiert.

Daher bedeutet Zuhören immer wieder die Kunst, unser Herz bedingungslos für das Sein der anderen Person zu öffnen und gleichzeitig zu bemerken, wenn wir die Haltung der Annahme verlassen. Wann beginnt es, dass wir etwas am anderen ablehnen? Wann wollen wir ihn oder sie anders haben? Wann mischt sich eine Bewertung ein?

Manchmal genügt es, unsere Ablehnung wahrzunehmen und sie mit Liebe zu umfassen, um uns im nächsten Moment wieder aus der Haltung der Annahme heraus der anderen Person zuwenden zu können. Manchmal müssen wir vielleicht zunächst die Ablehnung und ihre Wurzeln in uns tiefer erforschen, bevor wir uns wieder öffnen können. In jedem Fall ist es jedoch wichtig, dass wir bemerken, wann wir die bedingungslose Haltung der Annahme verlassen. Denn in diesem Augenblick verlassen wir auch das Zuhören, selbst wenn wir vielleicht weiterhin äußerlich der anderen Person unser Ohr schenken.

- **Erforsche, wie du es in der Tiefe erfährst, wenn du dich in einem Kontakt in deiner Ganzheit angenommen fühlst.**
- **Bemerke im Zuhören, wann du die Haltung der Annahme verlässt. Was ist der Grund dafür und welche Wirkung hat das?**

19 Zuhören belebt

Wenn sich uns jemand mit echtem Interesse zuwendet, hat das eine belebende Wirkung. Interesse und Aufmerksamkeit sind Seelennahrung, die wir alle für unsere Ausgeglichenheit, für unseren Selbstwert und unsere innere Lebendigkeit brauchen.

Dass uns Interesse an unserer Person lebendig macht, spüren wir besonders deutlich in Phasen der Verliebtheit. Verliebte leben fast nur von Luft und Liebe. Sie brauchen kaum Schlaf und fühlen sich lebendig und genährt auf eine Weise, die sie sonst in ihrem Leben kaum spüren. In diesen Phasen schenken sich die Verliebten ein Übermaß an Zuwendung und Aufmerksamkeit.

Ist die Phase der Verliebtheit vorbei und der Partner ein selbstverständlicher Teil unseres Lebens geworden, nimmt die innere Bereitschaft, unser Interesse im Übermaß zu verschenken, stark ab. Wir glauben, unseren Partner zu kennen. Mit dem Gefühl der Vertrautheit und der alltäglichen Selbstverständlichkeit des Zusammenseins scheint es keinen Grund mehr zu geben (wie am Anfang einer Beziehung), genauer nachzufragen, hinzuschauen und intensiv zuzuhören. Mit dem Interesse füreinander nimmt gleichzeitig aber auch die Lebendigkeit und Frische innerhalb der Beziehung ab. Paare setzen sich dann oft lieber vor den Fernseher, als sich gegenseitig die Aufmerksamkeit zu schenken.

Besonders stark nimmt die Lebendigkeit ab, wenn es Konfliktfelder gibt, die ungelöst zwischen den beiden stehen und von ihnen vermieden werden, um nicht den Konflikt und die damit verbundene Spannung zu aktualisieren. Die Wirkung ist jedoch eine Scheinharmonie, die zwischen dem Paar eine gewisse Taubheit hinterlässt. Je mehr Konfliktfelder vermieden werden, desto größer wird der Bereich der Taubheit in einer Beziehung. Diese Taubheiten wirken wie schwarze Löcher, in denen das Interesse füreinander und die Lebendigkeit des Paares verschluckt werden.

Wollen wir dagegen unsere Partnerschaft wieder intensivieren und beleben, müssen wir es wagen, die ungelösten Konflikte gemeinsam anzugehen. Der Schlüssel ist auch hier die Praxis des Zuhörens. Können wir uns einem Problem interessiert zuwenden, das Eigene zurückstellen und noch einmal unvoreingenommen unserem Gegenüber zuhören, bis wir sie in ihrer Welt tiefer verstehen und annehmen können?

Doch nicht nur Konfliktvermeidung lässt eine Beziehung unlebendig werden, sondern auch die alltägliche Routine und Selbstverständlichkeit des Zusammenlebens. Hier braucht es den bewussten Schritt, immer wieder alles beiseitezustellen, was wir glauben, über die andere Person zu wissen, und uns ihr neu, eben unvoreingenommen, zuzuwenden und ihr unser Interesse zu schenken. Wenn uns das gelingt, werden wir überrascht sein, wie schnell sich eine Liebe wieder beleben lässt.

Natürlich gilt die belebende Wirkung echter Aufmerksamkeit und Zuwendung nicht nur für Paarbeziehungen, sondern generell. Vielleicht könnten wir auch unsere Nachbarschaft beleben, indem wir uns Zeit nehmen, einmal aufmerksam zuzuhören? Vielleicht könnten wir auch die Beziehung zu einer Kollegin beleben, indem wir sie zu einem Spaziergang einladen, um sie besser kennenzulernen? Vielleicht könnten wir die Beziehung zu unserer Tochter oder unserem Sohn beleben, indem wir zu zweit einen Ausflug machen und einmal wieder nachfragen, was sie oder ihn wirklich bewegt?

- **Reflektiere, welche deiner Beziehungen du gerne beleben würdest: Ist es eine Konfliktvermeidung, die euch trennt? Ist es die Routine, die eure Beziehung unlebendig macht?**
- **Wie könntest du das Interesse und die Aufmerksamkeit zwischen euch wieder erneuern?**

20 Ausbalancieren

Die meisten Menschen leben in Beziehungen und Beziehungssystemen. Ob in der Partnerschaft, der Familie, dem Beruf, dem Freizeitverein oder der spirituellen Gemeinschaft, überall sind wir Stimmungen von Menschen ausgesetzt. Diese Stimmungen wirken auf uns ein und haben oft einen großen Anteil daran, wie es uns geht.

Die unmittelbare Abhängigkeit von der Befindlichkeit anderer Menschen wird besonders deutlich zwischen Eltern und Kindern. Fragen wir Eltern mit kleinen Kindern, wie es ihnen geht, sagen fast alle: „Wenn es meinem Kind gut geht, geht es mir auch gut." Doch nicht nur in der Elternschaft merken wir, wie eingebunden und abhängig wir sind. Wie geht es uns, wenn unsere Partnerin in einer Krise steckt? Wie sehr beschäftigt es uns, wenn in einer Gemeinschaft, deren Mitglied wir sind, ein offener Konflikt ausbricht?

Wenn wir klar sehen, wie sehr wir in Beziehungen eingebunden sind und in wechselseitiger Abhängigkeit uns gegenseitig beeinflussen, wird die Notwendigkeit deutlich, für diese wechselseitige Bezogenheit Verantwortung zu übernehmen. Das bedeutet, dass uns die Befindlichkeit der anderen etwas angeht und wir die Verantwortung haben, andere darin zu unterstützen, ihre Balance wiederzufinden.

Natürlich steht es nicht in unserer Macht, ob andere Menschen ihre innere Mitte wiederfinden oder nicht, aber wir können diesen Prozess erheblich unterstützen oder auch behindern. Der sicherlich wichtigste Beitrag, den wir dazu leisten können, ist, die Unausgeglichenheit der anderen Person anzunehmen. Dies mag banal erscheinen und ist doch manchmal extrem herausfordernd, denn deren Unausgeglichenheit stört uns in unseren Lebensplänen und in unserer Harmonie.

Doch wie unbequem und unpassend die Unausgeglichenheit der anderen Person auch immer für uns sein mag, sie ist da und fordert von uns, dass wir sie anerkennen. Im Grunde geht es sogar darum, grundsätzlich dem Ungleichgewicht im Leben zuzustimmen, sonst sind wir ständig im Kampf gegen die lebendige Natur des Lebens und können uns nicht entsprechend annehmend beziehen.

Wir sind dann wie ein Gärtner, der sich immerzu über das Unkraut aufregt. Es wächst trotzdem. Wenn wir uns als Gärtner nicht mit dem Unkraut anfreunden, werden wir unseren Beruf verfluchen. Wenn wir dagegen eine freundliche Beziehung zum Unkraut aufbauen, dann ist Unkraut zupfen ein genauso wesentlicher und sinnvoller Teil unseres Lebens wie schöne Beete anzulegen.

Erst im Zustimmen, dass die Unausgeglichenheit der anderen Person existiert, haben wir die Freiheit, diese durch unser empathisches Zuhören zu unterstützen, ihre Mitte wiederzufinden. In der Empfänglichkeit des Zuhörens öffnen wir uns für die Stimmung, die momentan die andere Person beherrscht. Wie das Meer, das alle Flüsse in sich aufnimmt, öffnen wir unser Herz für diesen Menschen und lassen die Kraft, die ihn bestimmt, ein.

Durch das Zuhören findet ein Prozess statt, in dem sich das, was den anderen Menschen besetzt, für einen Augenblick vollständig zeigen und ausbreiten darf und sich dann wieder beruhigt. Wie eine Welle, die sich auftürmt, um im nächsten Augenblick am Ufer auszulaufen, genauso wird sich ein Gefühl, das vollkommen zugelassen wird, wieder verändern und harmonisieren.

Verantwortung für Beziehung bedeutet daher, offen zu sein für die schwierigen Stimmungen von anderen Menschen und sie aktiv durch unser empathisches Zuhören zu unterstützen.

- **Welche Person aus deinem Leben gerät immer wieder aus der Balance und wie reagierst du darauf?**
- **Welche Pläne, Vorstellungen, Überzeugungen oder Ansprüche müsstest du loslassen, um in diesen Situationen annehmend zuhören zu können?**

21 Das Feld der Präsenz

Zuhören ist mehr als nur ein Teil eines Informationsaustausches. Beim aufrichtigen Zuhören bildet sich ein Feld von Aufmerksamkeit, das eine eigene Kraft entfaltet: die Kraft der Präsenz. Oft sind wir uns dieses Feldes nicht bewusst, da wir meist nur auf den Inhalt eines Gespräches achten, und die Präsenz selbst nicht sicht- oder hörbar ist. Trotzdem entfaltet sie eine eigene Wirkung und wir können uns innerlich darauf einstimmen, sodass wir dieses Feld spüren.

Könnten wir das Feld der Präsenz, das sich beim aufmerksamen Zuhören bildet, sichtbar machen, würden wir sehen, wie eine formlose Substanz alle Beteiligten eines Gesprächs einhüllt. Da gibt es nicht nur das gesprochene Wort, sondern auch einen belebten Raum, in dem das gesprochene Wort auftaucht und gehalten wird. Normalerweise stellen wir uns „Raum" als etwas Leeres und Unlebendiges vor. Hier erfahren wir den Raum, der diese Menschen und deren Worte umgibt, als eine dichte, lebendige Substanz.

Je bewusster uns dieses lebendige Feld von Präsenz ist, desto mehr bekommen die Pausen zwischen den Worten eine eigene Bedeutung. Gesprächspausen sind dann keine Unterbrechungen zum Luftholen oder Nachdenken, sondern intensive Momente, in denen die Felderfahrung besonders spürbar wird. Gerade in den Pausen spüren wir subtil eine substantielle Kraft, die im Raum schwebt und unter allen Worten liegt.

Wir können diese Kraft nicht sehen, nicht hören und nicht anfassen, und doch ist sie genauso wirklich wie eine konkrete Sinneserfahrung. Sie erfüllt den Raum, unabhängig davon, ob gerade gesprochen wird oder nicht. Der Augenblick wird als dicht und intensiv erfahren und sich zu konzentrieren fällt den Beteiligten hier leicht.

Präsenz ist die Kraft unserer Aufmerksamkeit und Aufmerksamkeit ist eine grundlegende und natürliche Eigenschaft unseres Bewusstseins. Wenn wir bei der Praxis des Zuhörens wirklich anwesend sind und sich unsere Aufmerksamkeit im Raum ausbreitet, entfaltet sich das Feld unserer Präsenz. Dieses hat die Kraft, den Moment zu verdichten und die andere Person in ihrer Konzentration zu unterstützen. Dadurch entsteht ein spezieller Raum, der es der anderen Person leicht macht, nicht nur oberflächlich von sich zu sprechen, sondern wahrhaftiger und tiefer. Präsenz macht uns wesentlich.

Wir alle kennen die Kraft der Präsenz von Großveranstaltungen. Durch die gemeinsame Aufmerksamkeit des Publikums auf ein bestimmtes Ereignis verdichtet sich hier die Präsenz im Raum zu einer besonderen Intensität, die uns Menschen erfüllt und nährt. Meist denken wir, dass es an dem Ereignis liegt, dass wir uns genährt fühlen, und merken nicht, dass schon allein die Kraft, die im Raum liegt, uns erfüllt.

Als Musikerin, Schauspieler oder Sportlerin kennen wir den Unterschied genau, wenn wir für uns allein trainieren oder wenn uns die Kraft der Aufmerksamkeit eines Publikums trägt und beflügelt. Erst in diesem Feld von Aufmerksamkeit verdichtet sich die Musik, das Schauspiel oder die sportliche Leistung zu einem besonderen Ereignis. Oft bekommt es durch die Kraft der Präsenz eine besonders hohe Qualität, die alleine „im stillen Kämmerlein" nicht erreicht wird.

Ähnliches geschieht, wenn sich im Gespräch eine Person zeigt und dabei die Kraft der Präsenz eines anderen Menschen im Raum wirkt. Auch wenn die sprechende Person manche Gedanken bereits hundertmal für sich alleine durchdacht hat, bewirkt die Präsenz eines anderen Menschen, dass sich dieser Gedanke nun verdichtet und sich in einer Intensität und Wesentlichkeit entfaltet, die im Alleinsein nicht möglich wäre.

- **Erinnere dich an eine Großveranstaltung, an der du teilgenommen hast, und konzentriere dich dabei auf das Feld von Präsenz. Wie erfährst du es?**
- **Achte beim Zuhören immer wieder, gerade auch in den Sprechpausen, auf das Feld, das im Raum liegt, und spüre die subtile Kraft, die hier wirkt.**

22 Kommunikation und Kommunion

Zuhören kann auf sehr unterschiedliche Art und Weise stattfinden. Wir können zuhören und innerlich unsere eigene Argumentation vorbereiten. Kaum hat die andere Person geendet, versuchen wir, sie dann von unserem Standpunkt zu überzeugen. Ganz anders ist die Wirkung, wenn wir aus dem Wunsch heraus zuhören, die Welt des anderen tiefer kennenzulernen und zu verstehen. Erst hier beginnt echte Kommunikation. Noch intensiver wird die Qualität des Zuhörens, wenn wir mit Empathie das Erleben der anderen Person mitfühlen. Hier wird das Zuhören über die Kommunikation hinaus zu einem Akt der Kommunion.

Kommunion ist echte Teilhabe. Es entsteht eine Verbundenheit, eine Art „innere" Gemeinschaft mit der anderen Person. In der Eucharistiefeier nehmen die Gläubigen den Leib und das Blut Christi in sich auf und verbinden sich auf diese Weise symbolisch mit seinem Geist. Dabei entsteht eine Kommunion, eine Gemeinschaft der Gläubigen in der realen Verbindung mit dem Geist Christi.

Die Elemente Leib und Blut sind dabei nicht zufällig gewählt. Der Begriff „Leib" meint nicht den physischen Körper eines Menschen, sondern seinen inneren, die Erfahrungsdimension seiner Seele. Und „Blut" steht für die Kraft der Lebendigkeit. Wenn die Gläubigen also in der Eucharistie Leib und Blut zu sich nehmen, verbinden sie sich mit der lebendigen Seele Jesu Christi.

Nichts anderes geschieht in der Praxis des Zuhörens. Wir öffnen uns für die Seele eines anderen Menschen und nehmen Teil an seinem Lebendigsein. Wenn dieser Vorgang nicht nur oberflächlich stattfindet, sondern die Kraft unserer Empathie und unseres Mitgefühls echt ist und sich ohne Vorbehalt entfalten kann, nehmen wir das lebendige Erleben der anderen Person gleichsam „leibhaftig“ in uns auf. Ihr Erleben wird ein Teil unserer Seele und unsere Aufmerksamkeit wird ein Teil ihrer Seele.

Durch den Vorgang der Verbindung der Seelen entsteht eine innere Gemeinschaft, die weit über ein gegenseitiges Verstehen hinausgeht. Kommunion ist mehr als Kommunikation. Erst in der Kommunion, in der gefühlten und gelebten Verbundenheit durch die echte Teilhabe an der Welt der anderen Person, entsteht ein Gemeinschaftsgefühl, das uns die Verbundenheit mit allen Wesen erahnen lässt.

In dieser Tiefe wird das Zuhören zu einem spirituellen Akt, der die Dimension der Verbundenheit mit allen Wesen erfahrbar macht. Durch die empathische Teilhabe an der Welt einer anderen Person überwinden wir alle Vorstellungen von Getrenntheit und spüren, wie sich dabei ein gemeinsamer Erfahrungsraum öffnet. Hier gibt es keine individuelle Seele mehr, sondern nur noch einen Seelenraum, der alle individuellen Facetten von Lebendigsein einschließt.

Diese Erfahrung unterscheidet sich deutlich von der Kommunikation, in der sich zwei Individuen wahrhaftig begegnen. In der Kommunion tauchen wir in einen überindividuellen Raum ein und erkennen, dass die Seele in Wahrheit keine Trennung kennt.

Vom Einzelnen zur Gemeinschaft, von der Gemeinschaft zum Universum und vom Universum zur Unendlichkeit – das ist der Weg der Seele.

RABINDRANATH TAGORE

- **Wie erfährst du Momente von wahrhaftiger Kommunikation? Was geschieht dabei in dir? Und wie erfährst du dabei das „zwischen“?**
- **Erinnere dich an Momente, in denen tiefe, empathische Teilhabe (sprich Kommunion) stattgefunden hat. Wie erfährst du in diesen Momenten das gemeinsame Feld, das alle Beteiligten einschließt?**

23 Es ist nie zu spät

Zuhören hat die Kraft, unsere Beziehungen zu beleben, zu vertiefen und zu heilen. Ganz gleich, ob es sich um einen Moment des Kennenlernens handelt oder um ein Konfliktgespräch, ob wir an einem gemeinsamen Projekt arbeiten oder ob wir uns einem Menschen in Not zuwenden, in allen Beziehungssituationen entscheidet das Element des Zuhörens darüber, ob sich Beziehungen konstruktiv und für alle Beteiligten als fruchtbar gestalten.

Je klarer uns die Bedeutung des Zuhörens für Beziehungen ist, desto bewusster können wir die Grundelemente des Zuhörens in vielen Situationen unseres Lebens fruchtbringend nutzen. Wir werden uns zunehmend daran erinnern, in einer Situation präsent, offen und unvoreingenommen zu sein. Wir werden als Resonanzfeld mit der anderen Person mitschwingen und uns kraft unserer Empathie tief in die Welt des anderen einfühlen können. Unser Gegenüber wird sich dadurch angenommen und gesehen fühlen. Das Vertrauen wächst, sich als Mensch authentisch zu zeigen und auf Masken und Verteidigungsstrategien zu verzichten. Dadurch wird die Bereitschaft wachsen, nicht nur auf dem eigenen Standpunkt stur zu verharren oder am eigenen Bedürfnis festzuhalten, sondern auch andere Sichtweisen und Bedürfnisse anzuerkennen.

Zuhören macht sanft und menschlich. Innerlich entspannen wir uns sofort, wenn wir das Gefühl haben, unser Erleben wird ernst genommen und in der Tiefe verstanden. Wir fühlen uns in solchen Momenten gesehen und in unserer Ganzheit als Mensch angenommen. Die seelischen Grundbedürfnisse des Menschen werden durch die Elemente des Zuhörens erfüllt. Deshalb verwundert es nicht, dass die Grundelemente des Zuhörens eine heilende Kraft haben und Menschen im Innersten zu erreichen und zu transformieren.

Doch nicht nur die Person selbst wird durch das Zuhören verwandelt, auch die Beziehung zwischen Menschen wird generell vertieft und die Verbundenheit nimmt zu. Die Bereitschaft, sich auf den anderen einzulassen, wächst und das aktuelle Beziehungspotential, das zwischen Menschen stets latent vorhanden ist, kann sich entfalten.

Auch wenn wir uns die Bedeutung des Zuhörens in Erinnerung rufen und dessen Grundelemente vertiefend einüben, werden wir immer wieder den Pfad des Zuhörens verlassen und mit Emotionen, Vorstellungen und inneren Grenzen beschäftigt sein. Oft genug wird es sogar geschehen, dass wir unsere innere Begrenzung in einer Situation gar nicht wahrnehmen und dass unsere Emotion oder unsere Vorstellung das Zuhören einfärbt oder sogar unmöglich macht. Statt zuzuhören, machen wir der anderen Person Vorwürfe, bewerten und verletzen sie womöglich.

Das ist menschlich und wir sollten nicht zu streng mit uns sein. In all diesen Situationen sind wir innerlich mit einer Vorstellung, einem Widerstand oder einem Anspruch identifiziert und solange wir nicht ein hohes Maß an Bewusstheit und innerer Freiheit erreicht haben, wird uns das immer wieder passieren. Daher gilt es, uns selbst und unsere Begrenztheit in Liebe und Verständnis anzunehmen. Dann können wir jede Situation, in der wir den Pfad des Zuhörens verlassen, nutzen, um die innere Begrenztheit mit Bewusstheit anzureichern und dadurch allmählich unser Ego umzuwandeln.

Gleichzeitig haben wir dann die Freiheit, dem anderen gegenüber zuzugeben, dass es unsere Begrenzung war, die die Beziehung belastet hat, und nicht das, was die andere Person gesagt oder gefühlt hat. Dadurch können wir jederzeit wieder zur Haltung des Zuhörens zurückkehren und belastete Beziehungssituationen auflösen. Es ist nie zu spät. Auch nach Tagen oder Wochen können wir durch die Praxis des Zuhörens eine Beziehung neu beleben und ihr eine heilsame Wende verleihen.

- **In welcher Gesprächssituation hast du die Grundhaltung des Zuhörens verlassen? Welches waren die Gründe dafür?**
- **Wie könntest du den Faden des Zuhörens wieder aufnehmen?**

Begriffsklärungen

Immer wieder werden im Buch verschiedene Fachbegriffe verwendet. Die meisten dieser Begriffe werden bereits im Laufe des Buches eingeführt und erklärt. Da Fachbegriffe in verschiedenen Schulen unterschiedlich gebraucht werden, werde ich im Folgenden noch mal zusammengefasst darstellen, welche Bedeutung sie im Kontext der transpersonalen Prozessarbeit haben und wie sie in Beziehung mit verwandten Begriffen stehen.

Gewahrsein – Stille, Achtsamkeit, Sein, Seinsnatur

Gewahrsein ist der unbegrenzte und absichtslose Raum des Bewusstseins, der alles umfasst und doch von allem unberührt bleibt. Es ist der unbedingte, zeitlose Hintergrund, auf dem jegliche Erfahrung im Vordergrund stattfindet.

Das Gewahrsein ist frei von jeglicher Individualität. Der Ichgedanke und das Ichgefühl kommen und gehen im offenen Raum des Gewahrseins genauso wie jede andere Erfahrung. Der Raum des Gewahrseins ist davon jedoch losgelöst.

Alles kommt und geht, aber der Raum des Gewahrseins besteht immer. Er ist die Grundlage jeglicher Art von Erfahrung. Jedoch wird dieser meistens nicht wahrgenommen, da wir von den Erscheinungen und Erfahrungen, die sich im Vordergrund abspielen, hypnotisiert sind und die Offenheit selbst ausblenden. Doch wenn wir nur einen Augenblick entspannen und absichtslos und ungerichtet aufmerksam sind (= lauschen), zeigt sich das natürliche Gewahrsein als intensives Feld von unbedingtem *Sein* – eine unbedingte Präsenz.

Diese Art der unbedingten und ungerichteten Aufmerksamkeit ist eine spezielle Form der *Achtsamkeit.* Normalerweise sprechen wir von Achtsamkeit als einer bewussten und bezogenen Aufmerksamkeit, in der es ein Subjekt und ein Objekt gibt (z. B.: Ich nehme diesen Atemzug wahr). Im Gewahrsein fehlt jedoch das Subjekt (= Zeuge) genauso wie das Objekt. Gewahrsein ist daher keine normale Achtsamkeit, sondern die innerste Natur von Achtsamkeit in einer völlig losgelösten und unbedingten Form.

Da hier keine konkrete Erfahrung und kein konkretes Erfahrungsobjekt erscheinen, sondern nur ein intensives Seinsgefühl, wird es oft als ein Raum von *Stille* beschrieben. Auch die Erfahrung von Stille (= Präsenz in einer absoluten Lautlosigkeit) kennt kein Objekt und trotzdem ein unbedingtes intensives Seinsempfinden.

Genau genommen müssen wir beim Gewahrsein zwei sich ergänzende Aspekte unterscheiden: das unberührte Gewahrsein und das umfassende Gewahrsein. Wir können diese beiden Aspekte in der Metapher eines stillen Sees sehen: Zum einen bleibt die Oberfläche des Sees von allen Spiegelungen unberührt, kann aber gleichzeitig die ganze Welt in sich aufnehmen und widerspiegeln.

Je tiefer wir erfassen, dass unsere innerste Identität nicht unser normales individuelles Menschsein ist, sondern der Raum des Gewahrseins, desto mehr lockert sich unsere Identifikation mit unserer alltäglichen Identität und wir erkennen unsere *Seinsnatur* oder unsere wahre Natur.

Ego – Selbstgrenzen, funktionales Ich

Unter dem Begriff „Ego" wird der Prozess der Identifikation verstanden. Identifikation meint ein unbewusstes Verklebtsein mit Vorstellungen, Vorlieben, Idealen, Selbstbildern und Urteilen, die dann zu automatischen Gefühls- und Handlungsmustern führen.

Unbewusste Identifikationen mit Selbstbildern werden zu einem wesentlichen Teil unserer Identität. Sie bestimmen auch unsere *Selbstgrenzen.* Wenn eine Eigenschaft außerhalb unserer Selbstbilder liegt, dann wird sie in uns unterdrückt und ausgegrenzt und nach außen projiziert und dort nicht selten bekämpft (siehe „Schatten"). Die Folge ist, dass wir unsere Ganzheit aus dem Blick verlieren und gleichzeitig in viele Konflikte mit anderen verstrickt sind.

Letztlich ist das Ego der Grund für unser selbst gemachtes Leiden. Denn jegliche Identifikation beinhaltet automatisch auch eine Verneinung von anderen Aspekten und damit Abwehr gegen das Leben. Abwehr ist aber immer Anstrengung, Konflikt und letztlich Leiden. Erst im Erkennen der eigenen Grenzen und durch die Grundhaltung der Annahme und Hingabe können wir aus dem selbst gemachten Leiden aussteigen.

Wenn wir von „Ego" sprechen, müssen wir jedoch den Begriff des *„funktionalen Ich"* davon unterscheiden. Auch wenn es uns möglich ist, aus der Identifikation mit unserer menschlichen Individualität aufzuwachen in den Raum des unbedingten und unbegrenzten Gewahrseins, gibt es weiterhin in uns ein „funktionales Ich", das als innere Funktionseinheit unsere Erfahrung differenzieren, ordnen, beschreiben und zielgerichtet handeln kann.

Mit anderen Worten, auch eine erwachte Person hat noch Gedanken, Vorstellungen, Pläne etc. in sich und wird zielgerichtet handeln. Aber sie ist nicht mehr damit identifiziert und innerlich frei. Sie kann sich daher auch dann immer wieder ohne Abwehr auf den lebendigen Augenblick beziehen, selbst wenn dieser den eigenen Vorlieben widerspricht.

Seele – Psyche, Geist, Alltagsrealität, seelische Realität, absolute Realität

Die Seele ist sicherlich der schwierigste aller Begriffe, da er sehr unterschiedlich verwendet wird. Im Volksmund wird mit Seele meist der Bereich der Gefühle assoziiert, wogegen speziell im Christentum der unsterbliche Teil von uns Menschen bezeichnet wird.

Im Kontext der Transpersonalen Psychologie meint Seele zunächst die innere subjektive Erfahrung des Menschen. Sie ist somit ein sehr umfassender Bereich, der alle inneren und äußeren Erfahrungen, also Körperempfindungen, Gefühle, Gedanken, aber auch alle Wahrnehmungen miteinbezieht.

Die subjektive Erfahrung des einzelnen Menschen wird in der transpersonalen Prozessarbeit die seelische Realität genannt und unterscheidet sich deutlich von der *Alltagsrealität,* die sich auf die äußere Dimension von Erfahrung bezieht und im Grunde eine Gedankenrealität ist. Wenn wir zum Beispiel eine Blume betrachten, können wir sagen, dass es eine Rose ist und die Farbe Gelb hat. Darauf haben sich Menschen kollektiv geeinigt. Dies ist aber nicht die tatsächliche subjektive Erfahrung dieser Rose, denn jeder Mensch wird diese Rose innerlich anders erfahren und empfinden.

Die subjektive Erfahrung des Menschen reicht von „normalen" alltäglichen Erfahrungen bis hinein in den Bereich des Gewahrseins. Hier berühren wir die unsterbliche, da zeitlose und überindividuelle Seinsnatur, die daher auch die *absolute Realität* genannt wird. Die Seele ist aus diesem Grund individuell und subjektiv, wurzelt aber gleichzeitig im Überindividuellen, im Absoluten. Insofern steht die transpersonale Sichtweise von Seele in keinem Widerspruch zum christlichen Verständnis.

Wenn wir den Begriff der Seele mit dem Begriff *Psyche* vergleichen, der im Kontext der Psychologie verwendet wird, sehen wir, dass Psyche vor allem die gedankliche und emotionale Struktur eines Menschen beschreibt, also *wie* ein Mensch Erfahrungen strukturiert und verarbeitet. Die tatsächlichen Erfahrungen, Wahrnehmungen und Körperempfindungen sind darin nicht einbezogen. Daher ist „Seele" ein phänomenologischer Begriff und viel umfassenderer als der Begriff „Psyche". Er bezieht sich auf die tatsächliche Erfahrung.

Geist wiederum ist ein Begriff, der sich in unserer Kultur meist nur auf Gedanken bezieht. Auch in der buddhistischen Tradition ist „Geist" ein Begriff, der sich auf den Verstand bezieht. Er wird allerdings auch oft als ein umfassender Begriff verwendet, der alle Schichten unseres Menschseins (Wahrnehmungen, Empfindungen, Gefühle, Gedanken und Bewusstsein) miteinbezieht. In diesem Sinne ist er mit dem Begriff der Seele vergleichbar.

Wesen – transpersonaler Raum, Essenz

Im Erfahrungsraum unserer Seele können sich die unterschiedlichsten Facetten ausdrücken. Wenn wir zum Beispiel mit Egomustern identifiziert sind, dann prägen diese unser gesamtes Empfinden, Denken und Handeln. In Zeiten jedoch, in denen wir von Identifizierungen frei sind und unserem Herzen und unserer natürlichen inneren Wahrheit folgen, offenbart sich in unserer Seele das Wesen.

Wesenseigenschaften entsprechen unserem natürlichen Lebendigsein jenseits aller Prägungen und Anpassungsleistungen. Am leichtesten entdecken wir unser Wesen, wenn wir uns folgende Fragen stellen:

Wo räsoniert unser Herz? Was freut oder interessiert uns besonders? Was spricht unser Mitgefühl an oder wofür sind wir dankbar? Was lieben wir? Was ist uns besonders wesentlich oder kostbar?

Obwohl Wesensanteile bei einem Menschen ein Leben lang gleich bleiben, legen sie ihn nicht fest. Das Wesen ist eher wie eine grundlegende Tönung, die einen Menschen einfärbt und die ihm gleichzeitig die Freiheit lässt, alle anderen Facetten von Lebendigkeit auch zu leben. Wenn es uns gelingt, vom Ego losgelöst zu sein und einen tiefen Zugang zum Gewahrsein zu haben, entfaltet sich unser Wesen ganz natürlich und mühelos von selbst.

Hier haben wir auch die Möglichkeit, tiefer in den *transpersonalen Raum* einzutauchen. Dabei leben wir nicht nur unsere natürlichen Wesensimpulse aus, sondern gehen mit unserer Aufmerksamkeit nach innen in die jeweilige Wesensqualität hinein. Je tiefer wir in dieses Erleben eintauchen, desto mehr verlassen wir unser alltägliches Bewusstsein (= Alltagsrealität) und treten in den transpersonalen Raum ein. Hier befinden wir uns in einem veränderten Bewusstseinszustand, in dem sich das Zeit- und Raumerleben in der gewohnten strukturierten Weise auflöst.

Im transpersonalen Raum erfahren wir verschiedene Facetten unserer Seinsnatur in ihrer Reinform. Die wichtigsten sind: eine unbedingte Präsenz; eine innere Stärke und Lebendigkeit; eine stille innere Freude ohne Grund; ein freier, unbegrenzter innerer Raum; eine innere Festigkeit, die uns gleichzeitig ermöglicht, mit dem Leben mitzuschwingen; ein Mitgefühl, das uns mit allen Wesen verbindet; ein unbedingtes Vertrauen ins Leben; ein innerer Wert, der uns die Vollkommenheit des Lebens fühlen lässt und eine innere Fülle, die eine überfließende Dankbarkeit enthält. Diese Facetten unserer Seinsnatur werden auch essentielle Qualitäten oder schlicht *Essenz* genannt. Sie ist die Essenz unseres Menschseins.

Schatten – personaler Entwicklungsschritt

Im Schatten sind ungeliebte und häufig auch unbewusste Anteile, die bekämpft und verdrängt werden. Das können sowohl destruktive Emotionen sein, wie Wut oder Neid, als auch konstruktive Wesensanteile, wie zum Beispiel Freude oder innere Festigkeit.

Alles, was in unserer Kindheit nicht oder negativ bestätigt wurde, hat keine Möglichkeit, sich natürlich zu entfalten und uns als innere Ressource zur Verfügung zu stehen. Da wir diese inneren Anteile aufgrund unserer Konditionierung innerlich ablehnend betrachten, erscheinen sie uns auch entsprechend verzerrt und negativ und so verstecken wir sie vor uns und vor anderen. Doch so sehr wir uns auch bemühen, sie auszugrenzen, wir werden diese Anteile nicht los. Manchmal brechen Schattenanteile wie Gefangene mit Macht und großer Destruktivität aus und überschwemmen uns. Nicht selten begegnen sie uns auch in anderen Menschen (= Projektion) und erscheinen uns dort dann als unangenehm oder sogar bedrohlich. Entsprechend lehnen wir diese dann ab oder bekämpfen sie sogar, was zu vielen Konflikten unter Menschen führt.

Der erste zentrale Schritt von innerem Wachstum ist daher, Schattenanteile zu erkennen und sie wieder als innere wertvolle Kräfte zu uns zu nehmen. In der transpersonalen Prozessarbeit wird dieser Schritt der *personale Entwicklungsschritt* genannt. Wir entfalten dadurch zunehmend unsere Ganzheit als Mensch und brauchen zudem nicht mehr auf andere Menschen projizieren – ein echter Beitrag zum Frieden in der Welt.

Vertrau …

Es gibt manchmal Phasen in unserem Leben, in denen uns ein spiritueller Weg so stark fasziniert und erfüllt, dass er im Zentrum unseres Lebens steht. All unsere Gedanken und unser Handeln richten sich daran aus und die Intensität des Weges gibt unserem Leben Sinn. In diesen Phasen hat unsere Praxis eine große Kraft. Wir machen große Fortschritte und haben tiefe Einsichten.

Und doch, wie erfüllend diese Phasen auch sind, dürfen wir nicht vergessen, dass die Praxis nicht für sich steht. Spirituelle Praxis hat keinen Selbstzweck. Sie ist lediglich das Gefährt, nicht das Ziel. Sie dient einem größeren Sinn.

Dieser größere Sinn ist die bewusste Teilnahme am Leben selbst. Das gegenwärtige Leben steht im Mittelpunkt und die Herausforderung, diesem Leben mit Bewusstheit zu begegnen. Sind wir in den konkreten Situationen unseres Lebens anwesend? Gestalten wir diese Momente aus der Grundhaltung von Annahme, Offenheit und Verbundenheit?

Wenn wir erkennen, dass das gegenwärtige Leben im Mittelpunkt steht und nicht die spirituelle Praxis, dann löst sich der Unterschied zwischen Praxis und alltäglichem Leben, zwischen der Zurückgezogenheit im Retreat und der Bezogenheit in Familie oder Beruf, auf. Denn immer gibt es nur diesen einen konkreten Augenblick, der im Mittelpunkt steht. Was spielt es für eine Rolle, ob wir gerade auf dem Kissen sitzen und meditieren, im Büro unserer Arbeit nachgehen oder mit der Familie zusammen sind?

Dieser konkrete Augenblick fordert uns als Mensch in unserer Offenheit heraus. Können wir darin anwesend sein? Können wir uns annehmend beziehen, erst einmal zustimmen, dass das Leben so ist, wie es ist?

Können wir uns öffnen und uns hingeben? Können wir unser Herz öffnen und uns berühren lassen? Können wir uns innerlich so tief überlassen und öffnen, dass wir auch das Gewahrsein empfinden, das alles umfasst?

Wir sind Menschen, und unabhängig davon, wie tief wir bereits das Gewahrsein erkannt und die spirituellen Grundhaltungen von Annahme und Offenheit verinnerlicht haben, wird es für uns immer wieder schwierige Situationen geben, in denen wir gefordert sind, Geliebtes loszulassen, Schmerzen und Krankheiten zu ertragen und innere und äußere Umbrüche zu durchleben. Dies geschieht nicht, weil uns das Leben persönliche Lektionen erteilt. Es geschieht, weil das Leben eine schöpferische und dynamische Bewegung ist und damit ewigen Wandel bedeutet.

Alles wird sich wandeln. Unser Körper, unsere Gefühle, unsere Identität und alles, was äußerlich unser Leben ausmacht. Letztlich führt die Gesetzmäßigkeit des Wandels sogar zum Tod unserer individuellen Form als Mensch. Wenn wir mit wachen Augen das Leben betrachten, können wir nicht anders, als diesen Wandel in allem Leben zu erkennen. Was macht es für einen Sinn, dagegen anzukämpfen? Geht es nicht vielmehr darum, das lebendige Prinzip des Wandels tief anzuerkennen und sich darauf annehmend zu beziehen?

Wenn wir erkennen, dass die Herausforderung des Lebens nicht darin besteht, Dinge festzuhalten und nach unseren Vorstellungen glücklich zu werden, sondern uns annehmend auf die schöpferische und unberechenbare Dynamik dieses Lebens zu beziehen, dann gibt es nur eine Antwort auf dieses Leben, nämlich Hingabe an das, was ist.

Diese Hingabe ist bedingungslos und schließt alles mit ein, auch unsere Widerstände und Übergangsschmerzen. Da wir Menschen sind und die Neigung haben, uns immer wieder zu identifizieren, bedeutet eine Veränderung für uns immer wieder, dass damit Frustration, Widerstand, Trauer und andere Gefühle verbunden sind. Diese Gefühle sind Ausdruck eines inneren Verdauungsprozesses, in dem wir das Alte verabschieden und uns auf das Neue einstellen.

Wenn wir uns diese Gefühle genauso zugestehen wie wir den äußeren Wandlungsprozess anerkennen, dann wird unsere Hingabe bedingungslos und umfassend. Hingabe bedeutet dann, die Ganzheit des Lebens zuzulassen. Dazu zählt die äußere Situation ebenso wie unser inneres Erleben. Dann hat alles, was geschieht, seine Richtigkeit und öffnet uns immer wieder neu für das gegenwärtige Leben, wie es jenseits unserer Vorstellungen von Moment zu Moment entsteht.

Vertrau …

Jeder Schritt will gegangen sein
und jeder Stillstand durchwartet.
Jeder Schmerz will durchlitten werden
und jeder Widerstand durchkämpft.
Jede Liebe will verströmt sein und jeder Zorn durchkocht.
Jede Ohnmacht will durchengt werden und jeder Durchbruch befreit.
Jeder Anfang will durchängstigt sein
und jedes Ende durchklammert.
Jede Einsamkeit will erdurstet sein und jede Begegnung durchwandelt.
Vertrau …
… der Praxis des Lebens.

Dank

Mein Dank gilt all meinen Lehrern und Lehrerinnen, deren Weg und Erkenntnisse direkt und indirekt in meine Arbeit eingeflossen sind. Insbesondere möchte ich hier zwei meiner persönlichen Lehrer erwähnen: Dyrian Benz-Chartraud und Fred von Allmen. Ihre selbstlose und schlichte Art als Mensch und Leiter, sich in den Dienst zu stellen, hat mich tief beeindruckt.

Mein besonderer Dank geht an alle Menschen, die ich seit 2001 in der Bewusstseinsschule SEELEundSEIN in vielen Ausbildungsgruppen begleiten durfte. Dieses Buch ist ein direktes Ergebnis dieser langjährigen und fruchtbaren Zusammenarbeit. Ohne das aufrichtige Suchen und Wirken dieser Menschen hätten sich die drei Praxisformen nicht auf die vorliegende Weise differenzieren können.

Dank auch an Regina Kreißig, Birgit Tschurtschenthaler und meine Frau Elisabeth für deren selbstlose Hilfe, das Manuskript sprachlich zu überarbeiten. Einen herzlichen Dank auch an meinen Verleger Lienhard Valentin und den Lektor Lothar Scholl-Röse für die fruchtbare Zusammenarbeit.

Nicht zuletzt einen großen Dank an meine Familie, die alle meine Projekte auf vielfältige Weise mitträgt und unterstützt.

Zum Autor

Richard Stiegler, geb. 1963; Heilpraktiker; Ausbilder in Transpersonaler Prozessarbeit (SEELEundSEIN) und Meditationslehrer.

Ausbildungen in Methoden der Humanistischen und Transpersonalen Psychologie und langjährige Meditationspraxis (Vipassana).

Schon seit Beginn seines inneren Weges interessierte sich Richard Stiegler für spirituelle Entwicklung und psychologische Arbeit. So entstand schon bald der Wunsch, beide Bereiche miteinander zu verbinden, was ihn zur Transpersonalen Psychologie geführt hat. Mit den Jahren hat er einen eigenen integrativen Ansatz in der Transpersonalen Psychologie entwickelt und bietet heute Kurse und Ausbildungen in Transpersonaler Prozessarbeit an. Auch Meditationskurse, in denen die im Buch vorliegenden Praxisformen praktiziert werden, werden regelmäßig angeboten.

Eine ausführliche Vita und Informationen zu Kursen und Ausbildungen von Richard Stiegler finden sie unter www.seeleundsein.com

Weitere Literatur aus dem Arbor Verlag

Richard Stiegler

Im Einklang leben

Spirituelle Grundhaltungen und Alltag

Fünf zentrale spirituelle Grundhaltungen stehen im Zentrum dieses Buches: Präsenz, Annahme, Offensein, Einssein und innere Führung. Diese Grundhaltungen lassen sich direkt aus dem Gewahrsein – unserer Seinsnatur – ableiten und haben die Kraft, unser alltägliches Leben und unsere Beziehungen zu verwandeln.

Spirituelle Praxis, wie zum Beispiel die Meditation, kann uns tiefe Erkenntnisse und Erfahrungen bescheren. Aber nur wenn wir daraus Grundhaltungen ableiten, die unser ganzes Menschsein durchwirken, wird unser Leben auf natürliche Weise Ausdruck des inneren Friedens, der Verbundenheit und der inneren Freiheit sein und entsprechend in die Welt und in unsere Beziehungen hineinstrahlen.

Anschaulich beschreibt Richard Stiegler in fünf Kapiteln die Grundhaltungen und vermittelt, welche Auswirkungen diese sowohl auf unsere Innenwelt als auch auf unser Handeln und unser Bezogensein haben. So ist mit diesem Buch ein Leitfaden für ein spirituelles Leben in all unseren menschlichen Lebensbezügen entstanden.

ISBN 978-3-86781-173-6

Richard Stiegler

Warum uns der Klimawandel an innere Grenzen bringt …

… und wie wir daran wachsen können

Der Klimawandel zählt wohl zu den größten Herausforderungen, die die Menschheit jemals zu bewältigen hatte.
So ist es nicht verwunderlich, dass bei vielen Menschen seelische Prozesse ausgelöst werden, mit denen sie sich überfordert und alleingelassen fühlen.

In der Öffentlichkeit wird vor allem über die äußere Dimension gesprochen, also darüber, wie wir CO^2 einsparen können. Doch wie geht es uns innerlich mit der Erkenntnis, dass wir unser Leben in Zukunft radikal ändern müssen? Wie geht es uns damit, wenn in Frage steht, ob unsere Kinder noch eine lebenswerte Zukunft haben?

Richard Stiegler lädt dazu ein, zu erforschen, wie die anstehende Veränderung seelisch auf uns wirkt. Er regt an, sich mit inneren Widerständen und Ohnmachtsgefühlen auseinanderzusetzen und so die Voraussetzungen zu schaffen, den Wandel konstruktiv gestalten zu können.

Sein wegweisendes Buch beleuchtet die wesentlichen Aspekte, die für einen individuellen und kollektiven Bewusstseinswandel notwendig sind, und setzt einen intensiven Bewusstwerdungsprozess in Gang.

ISBN 978-3-86781-291-7

Christopher Germer & Ronald Siegel (Hg.)

Weisheit und Mitgefühl in der Psychotherapie

Achtsame Wege zur Vertiefung der therapeutischen Praxis

Obwohl Achtsamkeit, Weisheit und Mitgefühl in der psychotherapeutischen und psychiatrischen Literatur selten behandelt werden, wird man kaum widersprechen können, dass diese Qualitäten wichtige Elemente einer jeden guten Behandlung sind.
Dieses Buch erläutert das Wesen von Weisheit und Mitgefühl, sowohl für Therapeuten, die noch nicht mit achtsamkeits- und akzeptanzbasierten Ansätzen gearbeitet haben, als auch für jene, die damit schon vertraut sind. Untersucht wird, ob und wie diese Qualitäten objektiv gemessen und wie sie in die therapeutische Behandlung integriert werden können.
Die Autoren beschreiben wirksame Strategien, mit denen bei bestimmten Symptomen und Störungen (zum Beispiel bei Angst, Depression, Trauma, Substanzmissbrauch, suizidalem Verhalten, Paarkonflikten und Elternstress) mit Achtsamkeit und Mitgefühl gearbeitet werden kann. Innovative therapeutische Techniken werden vorgestellt sowie die Theorie und die Forschung, die sie stützen, zusammengefasst. Das Buch beschreibt auch neurobiologische Grundlagen von Weisheit und Mitgefühl, etwa die bedeutenden Entdeckungen über die Wirkung von Achtsamkeitsmeditation auf das Gehirn.
Inspirierend und spannend geschrieben, ist Weisheit und Mitgefühl in der Psychotherapie eine wahre Fundgrube für Therapeuten und ein Meilenstein in der Weiterentwicklung therapeutischer Kompetenz.

ISBN 978-3-86781-069-2

Rick Hanson & Lienhard Valentin

Das gelassene Gehirn eines Buddha

Schritt für Schritt zu mehr Resilienz und Wohlbefinden

Unser Gehirn hat wirkungsvolle Mittel entwickelt, um mit Bedrohungen und Gefahren umzugehen – aber im Angesicht von modernem Stress, der durch zu viel Information, Geldsorgen und interpersonelle Konflikte entsteht, schaden uns unsere Überlebensreflexe teils mehr, als dass sie uns nützen. Um Ihnen zu helfen, Ihr Nervensystem an die Herausforderungen der heutigen Welt anzupassen, hat der Neuropsychologe Rick Hanson *Das gelassene Gehirn eines Buddha* entwickelt. Dieses Programm hält für Sie auf wissenschaftlicher Forschung basierende Methoden und Meditationen bereit, die buchstäblich Ihr Gehirn verändern werden, so dass Sie Ihre Resilienz, Ihr Selbstvertrauen und Ihren inneren Frieden stärken können.

Durch die moderne Hirnforschung konnten wir aufdecken, welche kontemplativen Übungen die stärkste positive Wirkung auf unsere körperliche und mentale Gesundheit haben. Mit seinem Stress-Schutz für Ihr Gehirn gibt Ihnen Rick Hanson wissenschaftlich anerkannte Methoden an die Hand, um Freiheit von Gereiztheit, Sorgen und Überforderung zu finden – indem Sie Ihre neurologische Fähigkeit für Glück und Wohlergehen vertiefen.

Buch mit 2 CDs

ISBN 978-3-86781-109-5

Online

Umfangreiche Informationen zu unseren Themen, ausführliche Leseproben aller unserer Bücher, einen versandkostenfreien Bestellservice und unseren kostenlosen Newsletter.
All das und mehr finden Sie auf unserer Website.

www.arbor-verlag.de

Mehr über Richard Stiegler

www.arbor-verlag.de/richard-stiegler

Seminare

Die gemeinnützige *Arbor-Seminare gGmbH* organisiert regelmäßig Seminare und Weiterbildungen mit führenden Vertretern achtsamkeitsbasierter Verfahren. Nähere Informationen finden Sie unter:

www.arbor-seminare.de

Arbor Online-Center

Mit dieser Plattform hat Arbor einen virtuellen Ort der Inspiration und des Lernens rund um das Thema Achtsamkeit geschaffen. Lernen Sie die AutorInnen unserer Bücher und die ReferentInnen unserer Veranstaltungen kennen: in Interviews, Vorträgen, Meditationsübungen, Webinaren, Podcasts sowie Online-Kursen und zahlreichen weiteren Ressourcen.

www.arbor-online-center.de